A torta főzőkönyve 2023

Kreatív és finom tortareceptek, melyekkel elkápráztathatod családodat és barátaidat

Nikoletta Balla

Tartalomjegyzék

Főtt csokoládé cukormáz 12

Csokis-kókuszos öntet 12

Fudge Topping 13

Édes krémsajt öntet 13

Amerikai Velvet Frosting 14

Vajmáz 14

Karamell cukormáz 15

Lemon Frosting 15

Kávé vajkrém fagyos 16

Lady Baltimore Frosting 17

White Frosting 18

Krémes fehér cukormáz 18

Bolyhos fehér cukormáz 19

Barna cukormáz 20

Vaníliás vajkrémes cukormáz 21

Vanília puding 22

Pudingos töltelék 23

Dán pudingos töltelék 24

Gazdag dán pudingos töltelék 25

Crème Patissière 26

Gyömbéres krémes töltelék 27

Citrom töltelék 28

Csokoládé máz 29

Gyümölcstorta máz 30

Narancsos gyümölcstorta máz	30
Mandula habcsók négyzetek	31
Angyalcseppek	32
Mandula szeletek	33
Bakewell Tartlets	34
Csokoládé pillangó torták	35
Kókuszos sütemények	36
Édes Cupcakes	37
Coffee Dot sütemények	38
Eccles torták	39
Tündér torták	40
Tollas jeges Tündértorták	41
genovai fancies	42
Mandulás makaron	43
Kókuszos makaronok	44
Lime Macaroons	45
Zabos makaróni	46
Madeleines	47
Marcipán torták	48
Muffin	49
Almás Muffin	50
Banán Muffin	51
Fekete ribizli Muffin	52
Amerikai áfonyás Muffin	53
Cseresznye Muffin	54
Csokis Muffin	55
Csokis Muffin	56

Fahéjas Muffin 57

Kukoricalisztes Muffin 58

Teljes kiőrlésű füge Muffin 59

Gyümölcsös és korpás muffin 60

Zab Muffin 61

Zabpehely gyümölcs Muffin 62

Narancssárga Muffin 63

Barackos Muffin 64

Mogyoróvajas Muffin 65

Ananász Muffin 66

Málnás Muffin 67

Málnás és citromos Muffin 68

Sultana Muffin 69

Mellékes muffin 70

Melaszhal és zab muffin 71

Zab pirítósok 72

Epres szivacsomlettek 73

Borsmentás sütemények 74

Mazsolás sütemények 75

Mazsola fürtök 76

Málnás zsemle 77

Barna rizs és napraforgó sütemények 78

Rock Cakes 79

Cukormentes Rock Cakes 80

Sáfrányos sütemények 81

Rum Babas 82

Piskótagolyós sütemények 84

Csokis piskóta	85
Nyári hógolyók	86
Szivacscseppek	87
Alap habcsók	88
Mandula habcsók	89
Spanyol mandulás habcsók keksz	90
Habcsók Cuite kosarak	91
Mandula ropogós	92
Spanyol mandula és citromos habcsók	93
Csokoládéval bevont Habcsók	94
Csokoládé mentás habcsók	95
Csokoládé chips és diós habcsók	95
Mogyorós habcsók	96
Habcsók réteges torta dióval	97
Mogyorós makaróni szeletek	99
Habcsókos és diós réteg	100
Habcsók-hegység	102
Málnakrémes Habcsók	103
Ratafia torták	104
Caramel Vacherin	105
Egyszerű pogácsa	106
Gazdag tojásos pogácsa	107
Almás pogácsa	108
Almás és kókuszos pogácsa	109
Alma és datolya pogácsa	110
Árpapogácsa	111
Datolyás pogácsa	112

Herby Scones	113
Bajor rozskenyér	114
Könnyű rozskenyér	115
Rozskenyér búzacsírával	116
Sally Lunn	117
Samos kenyér	118
Sesame Baps	119
Kovászos előétel	120
Szóda kenyér	121
Kovászos kenyér	122
Kovászos zsemle	123
Bécsi cipó	124
Teljes kiőrlésű kenyér	125
Teljes kiőrlésű mézes kenyér	126
Gyors teljes kiőrlésű tekercs	127
Teljes kiőrlésű kenyér dióval	128
Mandulafonás	129
Briósok	131
Fonott briós	132
Almás briósok	133
Tofu és diós briós	135
Chelsea zsemle	137
Zsemle kávé	139
Crème Fraîche kenyér	140
Croissant	141
Teljes kiőrlésű Sultana croissant	143
Erdei körök	145

Nutty Twist	146
Narancssárga zsemle	148
Fájdalom csokoládé	150
Pandolce	152
Panettone	154
Alma és datolya	155
Almás és szultána kenyér	156
Almás és fahéjas meglepetések	157
Sárgabarack tea kenyér	159
Sárgabarack és narancssüveg	160
Sárgabarack és diós cipó	161
Őszi korona	162
Banánsüveg	164
Teljes kiőrlésű banán kenyér	165
Banános és diós kenyér	166
Bara Brith	167
Fürdőzsemle	168
Cseresznye és mézes cipó	169
Fahéjas és szerecsendiós tekercs	170
Áfonya kenyér	172
Datolya és vajas cipó	173
Datolya és banán kenyér	175
Datolya és narancssüveg	176
Datolya és diós kenyér	177
Datolya tea kenyér	178
Datolya és diós cipó	179
Fig Loaf	180

Füge és marsala kenyér	181
Méz és Fügetekercs	182
Forró keresztes zsemle	184
Lincolnshire szilvás kenyér	186
Londoni zsemle	187
Írországi cipó	189
Maláta cipó	190
Korpás maláta cipó	191
Teljes kiőrlésű maláta cipó	192
Freda diós cipója	193
Brazil dió és datolya kenyér	195
Panastan gyümölcskenyér	197
Sütőtök cipó	199
Mazsolás kenyér	200
Mazsola áztatás	201
Rebarbara és datolya kenyér	202
Rizs kenyér	203
Rizs és dió tea kenyér	204
Göndör cukortekercs	206
Selkirk Bannock	208
Szultána és szentjánoskenyér	209
Szultána és narancssüveg	210
Szultána és Sherry kenyér	212
Cottage Tea Kenyér	213
Tea sütemények	215
Diós cipó	216
Diós és cukorréteges cipó	217

Diós és narancsos cipó 218
Spárga cipó 219

Főtt csokoládé cukormáz

Elegendő egy 23 cm-es torta befedéséhez

275 g/10 uncia/1¼ csésze porcukor (szuperfinom).

100 g/4 oz/1 csésze sima (félédes) csokoládé

50 g/2 oz/¼ csésze kakaópor (cukrozatlan csokoládé).

120 ml/4 fl uncia/½ csésze víz

Az összes hozzávalót felforraljuk, addig keverjük, amíg jól el nem keveredik. Közepes lángon 108°C/220°F hőmérsékletre főzzük, vagy ha hosszú szál képződik két teáskanál közé húzva. Öntsük egy széles tálba, és verjük sűrűre és fényesre.

Csokis-kókuszos öntet

Elegendő egy 23 cm-es torta befedéséhez

175 g/6 uncia/1½ csésze sima (félédes) csokoládé

90 ml/6 evőkanál forrásban lévő víz

225 g/8 uncia/2 csésze szárított (aprított) kókuszdió

A csokoládét és a vizet turmixgépben vagy robotgépben pürésítjük, majd hozzáadjuk a kókuszt, és simára dolgozzuk. Még melegen a sima süteményekre szórjuk.

Fudge Topping

Elegendő egy 23 cm-es torta befedéséhez

50 g/2 uncia/¼ csésze vaj vagy margarin

45 ml/3 evőkanál kakaópor (cukrozatlan csokoládé).

60 ml/4 evőkanál tej

425 g/15 uncia/2½ csésze porcukor (cukrászipari) szitált

5 ml/1 tk vanília esszencia (kivonat)

Egy kis serpenyőben olvasszuk fel a vajat vagy a margarint, majd keverjük hozzá a kakaót és a tejet. Folyamatos kevergetés mellett felforraljuk, majd levesszük a tűzről. Fokozatosan keverjük hozzá a cukrot és a vanília esszenciát, és keverjük simára.

Édes krémsajt öntet

Elegendő egy 30 cm-es torta befedéséhez

100 g/4 uncia/½ csésze krémsajt

25 g/1 uncia/2 evőkanál vaj vagy margarin, lágyítva

350 g (12 oz/2 csésze) porcukor, szitálva

5 ml/1 tk vanília esszencia (kivonat)

30 ml/2 evőkanál tiszta méz (opcionális)

A krémsajtot és a vajat vagy margarint enyhén és habosra keverjük. Fokozatosan simára keverjük a cukrot és a vaníliaesszenciát. Ízlés szerint egy kis mézzel édesítjük.

Amerikai Velvet Frosting

Elegendő két 23 cm/9-es torta beborításához

175 g/6 uncia/1½ csésze sima (félédes) csokoládé

120 ml/4 fl oz/½ csésze savanyú (tejfölös) tejszín

5 ml/1 tk vanília esszencia (kivonat)

Egy csipet só

400 g/14 uncia/2⅓ csésze porcukor (cukrászipari), szitált

Olvasszuk fel a csokoládét egy hőálló tálban, enyhén forrásban lévő víz fölött. Levesszük a tűzről, és belekeverjük a tejszínt, a vanília esszenciát és a sót. A cukrot fokozatosan simára keverjük.

Vajmáz

Elegendő egy 23 cm-es torta befedéséhez

50 g/2 oz/¼ csésze vaj vagy margarin, lágyítva

250 g/9 uncia/1½ csésze porcukor (cukrászipari), szitált

5 ml/1 tk vanília esszencia (kivonat)

30 ml/2 evőkanál egyszínű (könnyű) tejszín

A vajat vagy a margarint puhára habosítjuk, majd fokozatosan a cukrot, a vanília esszenciát és a tejszínt simára és krémesre keverjük.

Karamell cukormáz

Elegendő egy 23 cm-es torta kitöltéséhez és befedéséhez

100 g/4 oz/½ csésze vaj vagy margarin

225 g/8 uncia/1 csésze puha barna cukor

60 ml/4 evőkanál tej

350 g (12 oz/2 csésze) porcukor, szitálva

Lassú tűzön olvasszuk fel a vajat vagy a margarint és a cukrot, folyamatosan keverjük, amíg el nem keveredik. Hozzákeverjük a tejet és felforraljuk. Levesszük a tűzről és hagyjuk kihűlni. Addig verjük a porcukrot, amíg kenhető állagot nem kapunk.

Lemon Frosting

Elegendő egy 23 cm-es torta befedéséhez

25 g/1 uncia/2 evőkanál vaj vagy margarin

5 ml/1 teáskanál reszelt citromhéj

30 ml/2 evőkanál citromlé

250 g/9 uncia/1½ csésze porcukor (cukrászipari), szitált

A vajat vagy a margarint és a citrom héját habosra keverjük. Fokozatosan keverjük simára a citromlevet és a cukrot.

Kávé vajkrém fagyos

Elegendő egy 23 cm-es torta kitöltéséhez és befedéséhez

1 tojás fehérje

75 g/3 uncia/1/3 csésze vaj vagy margarin, lágyítva

30 ml/2 evőkanál forró tej

5 ml/1 tk vanília esszencia (kivonat)

15 ml/1 evőkanál instant kávé granulátum

Egy csipet só

350 g (12 oz/2 csésze) porcukor, átszitált

Keverjük össze a tojásfehérjét, a vajat vagy a margarint, a forró tejet, a vanília esszenciát, a kávét és a sót. A porcukrot fokozatosan simára keverjük.

Lady Baltimore Frosting

Elegendő egy 23 cm-es torta kitöltéséhez és befedéséhez

50 g/2 uncia/1/3 csésze mazsola apróra vágva

50 g glacé (kandírozott) cseresznye, apróra vágva

50 g/2 uncia/½ csésze pekándió, apróra vágva

25 g/1 uncia/3 evőkanál szárított füge, apróra vágva

2 tojásfehérje

350 g/12 uncia/1½ csésze porcukor (szuperfinom).

Egy csipetnyi tejszín fogkő

75 ml/5 evőkanál hideg víz

Egy csipet só

5 ml/1 tk vanília esszencia (kivonat)

Keverjük össze a mazsolát, a cseresznyét, a diót és a fügét. Verjük fel a tojásfehérjét, a cukrot, a tartárkrémet, a vizet és a sót egy hőálló edényben, amelyet enyhén forrásban lévő víz fölé helyezünk, körülbelül 5 percig, amíg kemény csúcsok nem lesznek. Levesszük a tűzről, és belekeverjük a vanília esszenciát. A cukormáz egyharmadába belekeverjük a gyümölcsöket, és a torta töltésére használjuk, majd a maradékkal megkenjük a torta tetejét és oldalát.

White Frosting

Elegendő egy 23 cm-es torta befedéséhez

225 g/8 oz/1 csésze kristálycukor

1 tojás fehérje

30 ml/2 evőkanál víz

15 ml/1 evőkanál aranyszínű (világos kukorica) szirup

Keverjük össze a cukrot, a tojásfehérjét és a vizet egy hőálló edényben, amelyet egy lábas víz fölé állítanak. Folytassa a verést legfeljebb 10 percig, amíg a keverék besűrűsödik és merev csúcsokat nem képez. Levesszük a tűzről, és hozzáadjuk a szirupot. Folytassa a verést, amíg szétterülő állagot nem kap.

Krémes fehér cukormáz

Elegendő egy 23 cm-es torta kitöltéséhez és befedéséhez

75 ml/5 evőkanál egyszínű (könnyű) tejszín

5 ml/1 tk vanília esszencia (kivonat)

75 g/3 uncia/1/3 csésze krémsajt

10 ml/2 teáskanál vaj vagy margarin, lágyítva

Egy csipet só

350 g (12 oz/2 csésze) porcukor, szitálva

A tejszínt, a vanília esszenciát, a krémsajtot, a vajat vagy a margarint és a sót simára keverjük. A porcukrot fokozatosan simára dolgozzuk.

Bolyhos fehér cukormáz

Elegendő egy 23 cm-es torta kitöltéséhez és befedéséhez

2 tojásfehérje

350 g/12 uncia/1½ csésze porcukor (szuperfinom).

Egy csipetnyi tejszín fogkő

75 ml/5 evőkanál hideg víz

Egy csipet só

5 ml/1 tk vanília esszencia (kivonat)

Keverjük össze a tojásfehérjét, a cukrot, a tartárkrémet, a vizet és a sót egy hőálló edényben, amelyet enyhén forrásban lévő víz fölé állítottak körülbelül 5 percig, amíg kemény csúcsok nem lesznek. Levesszük a tűzről, és belekeverjük a vanília esszenciát. Használja a torta összeillesztéséhez, majd kenje meg a maradékot a torta tetejére és oldalára.

Barna cukormáz

Elegendő egy 23 cm-es torta befedéséhez

225 g/8 uncia/1 csésze puha barna cukor

1 tojás fehérje

30 ml/2 evőkanál víz

5 ml/1 tk vanília esszencia (kivonat)

Keverjük össze a cukrot, a tojásfehérjét és a vizet egy hőálló edényben, amelyet egy lábas víz fölé állítanak. Folytassa a verést legfeljebb 10 percig, amíg a keverék besűrűsödik és merev csúcsokat nem képez. Vegyük le a tűzről és adjuk hozzá a vanília esszenciát. Folytassa a verést, amíg szétterülő állagot nem kap.

Vaníliás vajkrémes cukormáz

Elegendő egy 23 cm-es torta kitöltéséhez és befedéséhez

1 tojás fehérje

75 g/3 uncia/1/3 csésze vaj vagy margarin, lágyítva

30 ml/2 evőkanál forró tej

5 ml/1 tk vanília esszencia (kivonat)

Egy csipet só

350 g (12 oz/2 csésze) porcukor, átszitált

Keverjük össze a tojásfehérjét, a vajat vagy a margarint, a forró tejet, a vanília esszenciát és a sót. A porcukrot fokozatosan simára keverjük.

Vanília puding

600 ml/1 pt/2½ csésze

100 g/4 oz/½ csésze porcukor (szuperfinom).

50 g/2 uncia/¼ csésze kukoricaliszt (kukoricakeményítő)

4 tojássárgája

600 ml/1 pt/2½ csésze tej

1 vaníliarúd (bab)

Porcukor (cukrász) szitálva, szóráshoz

A cukor felét a kukoricaliszttel és a tojássárgájával habosra keverjük. A maradék cukrot és a tejet felforraljuk a vaníliarúddal. A cukros keveréket a forró tejben elkeverjük, majd folyamatos kevergetés mellett felforraljuk, és 3 percig főzzük, amíg besűrűsödik. Tálba öntjük, porcukorral megszórjuk, hogy ne héjasodjon ki, és hagyjuk kihűlni. Használat előtt ismét verje fel.

Pudingos töltelék

Elegendő egy 23 cm-es tortába tölteni

325 ml/11 fl uncia/11/3 csésze tej

45 ml/3 evőkanál kukoricaliszt (kukoricakeményítő)

60 g/2½ uncia/1/3 csésze porcukor (szuperfinom).

1 tojás

15 ml/1 evőkanál vaj vagy margarin

5 ml/1 tk vanília esszencia (kivonat)

Keverjen össze 30 ml/2 evőkanál tejet a kukoricaliszttel, a cukorral és a tojással. A maradék tejet egy kis lábasban forraljuk fel. Fokozatosan keverje hozzá a forró tejet a tojásos keverékhez. Öblítse ki a serpenyőt, majd tegye vissza a keveréket a serpenyőbe, és lassú tűzön keverje addig, amíg besűrűsödik. Keverjük hozzá a vajat vagy a margarint és a vanília esszenciát. Kivajazott zsírpapírral letakarjuk, és hagyjuk kihűlni.

Dán pudingos töltelék

750 ml/1¼ pt/3 csésze

2 tojás

50 g/2 uncia/¼ csésze porcukor (szuperfinom).

50 g/2 uncia/½ csésze sima (univerzális) liszt

600 ml/1 pt/2½ csésze tej

¼ vaníliarúd (bab)

A tojásokat és a cukrot kemény habbá verjük. Fokozatosan beledolgozzuk a lisztet. A tejet és a vaníliarudat felforraljuk. Vegyük ki a vaníliarudat, és keverjük hozzá a tejet a tojásos keverékhez. Tegyük vissza a serpenyőbe, és lassú tűzön pároljuk 2-3 percig, folyamatos keverés mellett. Használat előtt hagyjuk kihűlni.

Gazdag dán pudingos töltelék

750 ml/1¼ pt/3 csésze

4 tojássárgája

30 ml/2 evőkanál kristálycukor

25 ml/1½ evőkanál sima (univerzális) liszt

10 ml/2 teáskanál burgonyaliszt

450 ml/¾ pt/2 csésze egyszínű (könnyű) krém

Néhány csepp vanília esszencia (kivonat)

150 ml/¼ pt/2/3 csésze dupla (nehéz) tejszín, felvert

A tojássárgáját, a cukrot, a liszteket és a tejszínt egy lábasban kikeverjük. Közepes lángon addig keverjük, amíg a keverék sűrűsödni kezd. Adjuk hozzá a vanília esszenciát, majd hagyjuk kihűlni. Belekeverjük a tejszínhabot.

Crème Patissière

300 ml/½ pt/1¼ csésze

2 tojás, szétválasztva

45 ml/3 evőkanál kukoricaliszt (kukoricakeményítő)

300 ml/½ pt/1¼ csésze tej

Néhány csepp vanília esszencia (kivonat)

50 g/2 uncia/¼ csésze porcukor (szuperfinom).

A tojássárgáját, a kukoricalisztet és a tejet egy kis serpenyőben jól összekeverjük. Közepes lángon felforraljuk, majd állandó keverés mellett 2 percig főzzük. Keverjük hozzá a vanília esszenciát, és hagyjuk kihűlni.

A tojásfehérjét kemény habbá verjük, majd hozzáadjuk a cukor felét, és újra kemény habbá verjük. Belekeverjük a maradék cukrot. Keverjük a krémes keverékhez, és hűtsük felhasználásig.

Gyömbéres krémes töltelék

Elegendő egy 23 cm-es tortába tölteni

100 g/4 oz/½ csésze vaj vagy margarin, lágyítva

450 g/1 font/22/3 csésze porcukor (cukrásziparí) szitált

5 ml/1 teáskanál őrölt gyömbér

30 ml/2 evőkanál tej

75 g/3 uncia/¼ csésze fekete melasz (melasz)

A vajat vagy a margarint a cukorral és a gyömbérrel habosra és krémesre keverjük. Fokozatosan keverjük hozzá a tejet és a melaszot, amíg sima és kenhető nem lesz. Ha túl híg a töltelék, keverjünk hozzá még egy kis cukrot.

Citrom töltelék

250 ml/8 fl uncia/1 csésze

100 g/4 oz/½ csésze porcukor (szuperfinom).

30 ml/2 evőkanál kukoricaliszt (kukoricakeményítő)

60 ml/4 evőkanál citromlé

15 ml/1 evőkanál reszelt citromhéj

120 ml/4 fl uncia/½ csésze víz

Egy csipet só

15 ml/1 evőkanál vaj vagy margarin

A vaj vagy a margarin kivételével az összes hozzávalót egy kis serpenyőben, lassú tűzön keverjük össze, óvatosan keverjük, amíg a keverék jól el nem keveredik. Forraljuk fel és forraljuk 1 percig. Hozzákeverjük a vajat vagy a margarint és hagyjuk kihűlni. Használat előtt hűtsük le.

Csokoládé máz

Elegendő egy 25 cm/10-es torta bekenéséhez

50 g/2 uncia/½ csésze sima (félédes) csokoládé, apróra vágva

50 g/2 uncia/¼ csésze vaj vagy margarin

2,5 ml/½ teáskanál vanília esszencia (kivonat)

75 ml/5 evőkanál forrásban lévő víz

350 g (12 oz/2 csésze) porcukor, szitálva

Az összes hozzávalót turmixgépben vagy konyhai robotgépben turmixoljuk simára, szükség szerint nyomjuk le az összetevőket. Használja egyszerre.

Gyümölcstorta máz

Elegendő egy 25 cm/10-es torta bekenéséhez

75 ml/5 evőkanál aranyszínű (világos kukorica) szirup

60 ml/4 evőkanál ananász vagy narancslé

Egy kis serpenyőben összekeverjük a szirupot és a gyümölcslevet, és forraljuk fel. Vegyük le a tűzről, és kenjük meg a masszával a kihűlt sütemény tetejét és oldalát. Hagyja beállítani. A mázat ismét felforraljuk, és egy második réteggel megkenjük a tortát.

Narancsos gyümölcstorta máz

Elegendő egy 25 cm/10-es torta bekenéséhez

50 g/2 uncia/¼ csésze porcukor (szuperfinom).

30 ml/2 evőkanál narancslé

10 ml/2 tk reszelt narancshéj

A hozzávalókat egy kis serpenyőben összekeverjük, és állandó keverés mellett felforraljuk. Vegyük le a tűzről, és kenjük meg a masszával a kihűlt sütemény tetejét és oldalát. Hagyja beállítani. A mázat ismét felforraljuk, és egy második réteggel megkenjük a tortát.

Mandula habcsók négyzetek

12-t tesz ki

225 g omlós tészta

60 ml/4 evőkanál málnalekvár (konzerv)

2 tojásfehérje

50 g/2 uncia/½ csésze őrölt mandula

100 g/4 oz/½ csésze porcukor (szuperfinom).

Néhány csepp mandula esszencia (kivonat)

25 g/1 oz/¼ csésze pelyhes (reszelt) mandula

Nyújtsuk ki a tésztát (pasztát), és béleljünk ki egy kivajazott 30 x 20 cm-es/12 x 8-as svájci tekercsformába (zselétekercs). Megkenjük a lekvárral. A tojásfehérjét kemény habbá verjük, majd óvatosan beleforgatjuk a darált mandulát, a cukrot és a mandulaesszenciát. Megkenjük a lekvárral, és megszórjuk a mandulareszelékkel. 180°C-ra előmelegített sütőben 45 perc alatt aranybarnára és ropogósra sütjük. Hagyjuk kihűlni, majd kockákra vágjuk.

Angyalcseppek

24-es lesz

50 g/2 oz/¼ csésze vaj vagy margarin, lágyítva

50 g/2 uncia/¼ csésze disznózsír (rövidítő)

100 g/4 oz/½ csésze porcukor (szuperfinom).

1 kis tojás, felverve

Néhány csepp vanília esszencia (kivonat)

175 g/6 oz/1½ csésze önnövekvő (magán kelő) liszt

45 ml/3 evőkanál hengerelt zab

50 g/2 oz/¼ csésze glacé (kandírozott) cseresznye, félbevágva

A vajat vagy a margarint, a zsírt és a cukrot habosra keverjük. Belekeverjük a tojást és a vanília esszenciát, majd beleforgatjuk a lisztet és kemény tésztává keverjük. Kis golyókra törjük, és megforgatjuk a zabban. Kivajazott tepsire helyezzük egymástól jól egymástól, és mindegyik tetejére egy cseresznyét szórunk. 180°C-ra előmelegített sütőben 20 percig sütjük, amíg meg nem szilárdul. A tálcán hagyjuk kihűlni.

Mandula szeletek

12-t tesz ki

100 g/4 oz/½ csésze vaj vagy margarin

225 g/8 uncia/2 csésze sima (univerzális) liszt

5 ml/1 teáskanál sütőpor

50 g/2 uncia/¼ csésze porcukor (szuperfinom).

1 tojás, szétválasztva

75 ml/5 evőkanál málnalekvár (konzerv)

100 g/4 uncia/2/3 csésze porcukor (cukrászipari), szitált

100 g/4 oz/1 csésze pelyhes (reszelt) mandula

Dörzsölje el a vajat vagy a margarint a liszttel és a sütőporral, amíg a keverék zsemlemorzsára nem hasonlít. Keverjük hozzá a cukrot, majd keverjük hozzá a tojássárgáját, és gyúrjuk kemény tésztává. Enyhén lisztezett felületen kinyújtjuk, hogy beleférjen egy kivajazott, 30 x 20 cm-es/12 x 8-as svájci tekercsformába (zselétekercs). Óvatosan nyomkodjuk a tepsibe, és kissé emeljük meg a tészta széleit, hogy egy ajak legyen. Megkenjük a lekvárral. A tojásfehérjét kemény habbá verjük, majd fokozatosan beleforgatjuk a porcukrot. Megkenjük a lekvárral, és megszórjuk a mandulával. 160°C-ra előmelegített sütőben 1 órán keresztül süssük aranybarnára és éppen keményre. 5 percig hagyjuk hűlni a tepsiben, majd ujjakra vágjuk, és rácsra borítjuk, hogy teljesen kihűljön.

Bakewell Tartlets

24-es lesz

A péksüteményhez:

25 g/1 uncia/2 evőkanál disznózsír (rövidítő)

25 g/1 uncia/2 evőkanál vaj vagy margarin

100 g/4 uncia/1 csésze sima (univerzális) liszt

Egy csipet só

30 ml/2 evőkanál víz

45 ml/3 evőkanál málnalekvár (konzerv)

A töltelékhez:

50 g/2 oz/¼ csésze vaj vagy margarin, lágyítva

50 g/2 uncia/¼ csésze porcukor (szuperfinom).

1 tojás, enyhén felverve

25 g/1 oz/¼ csésze önnövekvő (magán kelő) liszt

25 g/1 uncia/¼ csésze őrölt mandula

Néhány csepp mandula esszencia (kivonat)

A tészta (tészta) elkészítéséhez dörzsölje bele a disznózsírt és a vajat vagy a margarint a lisztbe és a sóba, amíg a keverék zsemlemorzsára nem hasonlít. Keverjünk hozzá annyi vizet, hogy puha tésztát kapjunk. Enyhén lisztezett felületen vékonyra kinyújtjuk, körkörösen 7,5 cm-esre vágjuk, és két kivajazott zsemleforma (pogácsasütő) részeit kibéleljük. Megtöltjük lekvárral.

A töltelékhez a vajat vagy a margarint és a cukrot habosra keverjük, majd fokozatosan hozzákeverjük a tojást. Hozzákeverjük a lisztet, az őrölt mandulát és a mandula eszenciát. A masszát kanalazzuk a tortákba, a széleket a tésztához ragasszuk úgy, hogy a lekvár teljesen ellepje. 180°C-ra előmelegített sütőben 20 perc alatt aranybarnára sütjük.

Csokoládé pillangó torták

Körülbelül 12 sütemény készül

A süteményekhez:
100 g/4 oz/½ csésze vaj vagy margarin, lágyítva

100 g/4 oz/½ csésze porcukor (szuperfinom).

2 tojás, enyhén felverve

100 g/4 oz/1 csésze önnövekvő (magán kelő) liszt

30 ml/2 evőkanál kakaópor (cukrozatlan csokoládé).

Egy csipet só

30 ml/2 evőkanál hideg tej

A cukormázhoz (fagyáshoz):
50 g/2 oz/¼ csésze vaj vagy margarin, lágyítva

100 g/4 uncia/2/3 csésze porcukor (cukrászipari), szitált

10 ml/2 teáskanál forró tej

A torták elkészítéséhez a vajat vagy a margarint és a cukrot sápadt és habosra keverjük. Fokozatosan keverjük hozzá a tojásokat felváltva a liszttel, a kakaóval és a sóval, majd adjuk hozzá a tejet, hogy lágy masszát kapjunk. Papíros süteményekbe (cupcake papírok) vagy kivajazott zsemleformákba (pogácsasütőformákba) kanalazzuk, és előmelegített sütőben 190°/375°F/5-ös gázjelzéssel 15-20 percig sütjük, amíg jól megkel és rugalmas tapintású lesz. Hagyjuk kihűlni. Vízszintesen szeleteljük le a sütemények tetejét, majd függőlegesen vágjuk ketté, hogy a pillangó „szárnyakat" kapjon.

A cukormáz elkészítéséhez a vajat vagy a margarint puhára verjük, majd a porcukor felét is beledolgozzuk. Belekeverjük a tejet, majd a maradék cukrot. A cukormázas keveréket elosztjuk a sütemények között, majd a „szárnyakat" ferdén nyomkodjuk a torták tetejére.

Kókuszos sütemények

12-t tesz ki

100 g omlós tészta

50 g/2 oz/¼ csésze vaj vagy margarin, lágyítva

50 g/2 uncia/¼ csésze porcukor (szuperfinom).

1 tojás, felvert

25 g/1 uncia/2 evőkanál rizsliszt

50 g/2 oz/½ csésze szárított (aprított) kókuszdió

1,5 ml/¼ teáskanál sütőpor

60 ml/4 evőkanál csokikrém

Nyújtsa ki a tésztát (tészta), és használja a zsemleforma (pogácsasütő) részeinek kibéleléséhez. A vajat vagy a margarint és a cukrot habosra keverjük, majd hozzáadjuk a tojást és a rizslisztet. Belekeverjük a kókuszt és a sütőport. Minden tésztalap (pitehéj) aljába tegyünk egy kis kanál csokis kenhetőt. A tetejére kanalazzuk a kókuszos keveréket, és előmelegített sütőben 200°C/400°F/6-os gázjelzéssel 15 perc alatt megkelnek és aranybarnák lesznek.

Édes Cupcakes

15-öt tesz ki

100 g/4 oz/½ csésze vaj vagy margarin, lágyítva

225 g/8 oz/1 csésze porcukor (szuperfinom).

2 tojás

5 ml/1 tk vanília esszencia (kivonat)

175 g/6 oz/1½ csésze önnövekvő (magán kelő) liszt

5 ml/1 teáskanál sütőpor

Egy csipet só

75 ml/5 evőkanál tej

A vajat vagy a margarint és a cukrot habosra keverjük. Fokozatosan adjuk hozzá a tojást és a vanília esszenciát, minden hozzáadás után jól felverjük. A lisztet, a sütőport és a sót a tejjel felváltva, jól elkeverjük. A masszát kanalazzuk papír tortalapokba (cukorpapírok), és 190°C-ra előmelegített sütőben süssük 20 percig, amíg a közepébe szúrt nyárs tisztán ki nem jön.

Coffee Dot sütemények

12-t tesz ki

A süteményekhez:

100 g/4 oz/½ csésze vaj vagy margarin, lágyítva

100 g/4 oz/½ csésze porcukor (szuperfinom).

2 tojás, enyhén felverve

100 g/4 oz/1 csésze önnövekvő (magán kelő) liszt

10 ml/2 tk kávéesszencia (kivonat)

A cukormázhoz (fagyáshoz):

50 g/2 oz/¼ csésze vaj vagy margarin, lágyítva

100 g/4 uncia/2/3 csésze porcukor (cukrászipari), szitált

Néhány csepp kávéesszencia (kivonat)

100 g/4 oz/1 csésze csokoládéforgács

A süteményekhez a vajat vagy a margarint és a cukrot világos és habosra keverjük. Fokozatosan beleütjük a tojásokat, majd beleforgatjuk a lisztet és a kávéesszenciát. A masszát kanalazzuk egy zsemleformába (pogácsás tepsibe) állított papír tortalapokba (pogácsapapírok), és 180°C-ra előmelegített sütőben süssük 20 percig, amíg jól megkel és rugalmas tapintású lesz. Hagyjuk kihűlni.

A cukormáz elkészítéséhez a vajat vagy a margarint puhára verjük, majd beledolgozzuk a porcukrot és a kávéesszenciát. A torták tetejére kenjük, és csokireszelékkel díszítjük.

Eccles torták

16-os lesz

50 g/2 uncia/¼ csésze vaj vagy margarin

50 g/2 uncia/¼ csésze puha barna cukor

225 g/8 uncia/11/3 csésze ribizli

450 g leveles tészta vagy pelyhes tészta

Egy kis tej

45 ml/3 evőkanál porcukor (szuperfinom).

Lassú tűzön olvasszuk fel a vajat vagy a margarint és a barna cukrot, jól keverjük össze. A tűzről levéve belekeverjük a ribizlit. Hagyjuk kicsit hűlni. A tésztát (tésztát) lisztezett felületen kinyújtjuk és 16 körbe vágjuk. Osszuk el a tölteléket a körök között, majd a széleket hajtsuk középre, és kenjük meg vízzel, hogy a szélek összeérjenek. Fordítsd meg a süteményeket, és sodrófával enyhén tekerd fel, hogy kissé ellapuljanak. Mindegyik tetejére vágjunk három hasítékot, kenjük meg tejjel és szórjuk meg a cukorral. Kiolajozott tepsire tesszük, és előmelegített sütőben 200°C-on 20 perc alatt aranybarnára sütjük.

Tündér torták

Körülbelül 12-t tesz ki

100 g/4 oz/½ csésze vaj vagy margarin, lágyítva

100 g/4 oz/½ csésze porcukor (szuperfinom).

2 tojás, enyhén felverve

100 g/4 oz/1 csésze önnövekvő (magán kelő) liszt

Egy csipet só

30 ml/2 teáskanál tej

Néhány csepp vanília esszencia (kivonat)

A vajat vagy a margarint és a cukrot habosra keverjük. Fokozatosan keverjük hozzá a tojást felváltva a liszttel és sóval, majd adjuk hozzá a tejet és a vanília esszenciát, hogy lágy keveréket kapjunk. Papíros süteményekbe (cupcake papírok) vagy kivajazott zsemleformákba (pogácsás tepsibe) kanalazzuk, és 190°C-ra előmelegített sütőben 15-20 percig sütjük, amíg jól megkel és rugalmas tapintású lesz.

Tollas jeges Tündértorták

12-t tesz ki

50 g/2 oz/¼ csésze vaj vagy margarin, lágyítva

50 g/2 uncia/¼ csésze porcukor (szuperfinom).

1 tojás

50 g/2 oz/½ csésze önnövekvő (magán kelő) liszt

100 g/4 oz/2/3 csésze porcukor (cukrászok).

15 ml/1 evőkanál meleg víz

Néhány csepp ételfesték

A vajat vagy a margarint és a cukrot habosra és habosra keverjük. Fokozatosan beleütjük a tojást, majd beleforgatjuk a lisztet. Osszuk el a masszát 12 zsemleformákba (pogácsás tepsibe) állított papír tortalap (cukorpapír) között. 160°C-ra előmelegített sütőben 15-20 percig sütjük, amíg megkel és rugalmas tapintású lesz. Hagyjuk kihűlni.

Keverjük össze a porcukrot és a meleg vizet. A cukormáz egyharmadát színezd ki tetszőleges ételfestékkel. A fehér cukormázzal megkenjük a süteményeket. A színes cukormázt vonalakba húzzuk a tortán, majd a vonalakra merőlegesen húzunk egy késhegyet először az egyik, majd a másik irányba, hogy hullámos mintát hozzunk létre. Hagyja beállni.

genovai fancies

12-t tesz ki

3 tojás, enyhén felverve

75 g/3 oz/1/3 csésze porcukor (szuperfinom).

75 g/3 oz/¾ csésze önnövekvő (magán kelő) liszt

Néhány csepp vanília esszencia (kivonat)

25 g/1 uncia/2 evőkanál vaj vagy margarin, megolvasztva és lehűtve

60 ml/4 evőkanál baracklekvár (konzerv), átszitált (szűrt)

60 ml/4 evőkanál víz

225 g/8 uncia/11/3 csésze porcukor (cukrászipari), szitált

Néhány csepp rózsaszín és kék ételfesték (elhagyható)

Tortadíszek

Tegye a tojásokat és a porcukrot egy hőálló tálba, amelyet egy lábas víz fölé állítanak. Addig keverjük, amíg a keverék szalagok formájában leválik a habverőről. Belekeverjük a lisztet és a vanília esszenciát, majd a vajat vagy a margarint. Öntsük a keveréket kivajazott, 30 x 20 cm-es svájci tekercsformába (zselétekercs) és 190°C-ra előmelegített sütőben süssük 30 percig. Hagyjuk kihűlni, majd formákra vágjuk. Melegítse fel a lekvárt 30 ml/2 evőkanál vízzel, és kenje meg a süteményt.

A porcukrot egy tálba szitáljuk. Ha a cukormázat különböző színűre szeretnéd készíteni, oszd szét külön tálakba, és készíts mindegyik közepébe egy mélyedést. Fokozatosan adjunk hozzá néhány csepp színt és csak annyit a maradék vízből, hogy elég kemény habbá keverjük. A süteményekre kenjük és ízlés szerint díszítjük.

Mandulás makaron

16-os lesz

Rizspapír

100 g/4 oz/½ csésze porcukor (szuperfinom).

50 g/2 uncia/½ csésze őrölt mandula

5 ml/1 teáskanál őrölt rizs

Néhány csepp mandula esszencia (kivonat)

1 tojás fehérje

8 blansírozott mandula félbevágva

Egy tepsit (süti) béleljünk ki rizspapírral. Az összes hozzávalót a blansírozott mandula kivételével kemény masszává keverjük, és jól kikeverjük. A keverékből kanálokat teszünk a tepsire, és mindegyik tetejére egy-egy mandulafélét teszünk. Előmelegített sütőben 150°C/325°F/gázjelzés 3 25 percig sütjük. Hagyjuk kihűlni a tepsiben, majd mindegyiket felvágjuk vagy szaggatjuk, hogy leválasszuk a rizspapír lapról.

Kókuszos makaronok

16-os lesz

2 tojásfehérje

150 g/5 oz/2/3 csésze porcukor (szuperfinom).

150 g/5 uncia/1¼ csésze szárított (aprított) kókuszdió

Rizspapír

8 glacé (kandírozott) cseresznye, félbevágva

A tojásfehérjét kemény habbá verjük. Addig keverjük a cukrot, amíg kemény csúcsokat nem kapunk. Belekeverjük a kókuszt. Helyezze a rizspapírt egy sütőlapra (süti), és helyezzen rá kanálnyi keveréket. Mindegyik tetejére tegyünk egy-egy cseresznye felét. 160°C-ra előmelegített sütőben 30 perc alatt megsütjük, amíg meg nem szilárdul. Hagyjuk a rizspapíron kihűlni, majd mindegyiket felvágjuk vagy tépkedjük, hogy leválasszuk a rizspapír lapról.

Lime Macaroons

12-t tesz ki

100 g omlós tészta

60 ml/4 evőkanál lime lekvár

2 tojásfehérje

50 g/2 uncia/¼ csésze porcukor (szuperfinom).

25 g/1 uncia/¼ csésze őrölt mandula

10 ml/2 teáskanál őrölt rizs

5 ml/1 teáskanál narancsvirágvíz

Nyújtsa ki a tésztát (tészta), és használja a zsemleforma (pogácsasütő) részeinek kibéleléséhez. Minden tésztatartóba (pitehéj) tegyünk egy kis kanál lekvárt. A tojásfehérjét kemény habbá verjük. A cukrot kemény és fényes habbá verjük. Belekeverjük a mandulát, a rizst és a narancsvirágvizet. A tokba kanalazzuk, teljesen befedve a lekvárt. 180°C-ra előmelegített sütőben 30 percig sütjük, amíg megkel és aranybarna nem lesz.

Zabos makaróni

24-es lesz

175 g/6 uncia/1½ csésze hengerelt zab

175 g/6 uncia/¾ csésze muscovado cukor

120 ml/4 fl uncia/½ csésze olaj

1 tojás

2,5 ml/½ teáskanál só

2,5 ml/½ teáskanál mandula esszencia (kivonat)

Keverjük össze a zabot, a cukrot és az olajat, és hagyjuk állni 1 órát. Belekeverjük a tojást, a sót és a mandula eszenciát. Helyezzen kanálnyi keveréket egy kivajazott tepsire, és 160°C-ra előmelegített sütőben süsse 20 perc alatt aranybarnára.

Madeleines

9-et tesz ki

100 g/4 oz/½ csésze vaj vagy margarin, lágyítva

100 g/4 oz/½ csésze porcukor (szuperfinom).

2 tojás, enyhén felverve

100 g/4 oz/1 csésze önnövekvő (magán kelő) liszt

175 g/6 uncia/½ csésze eper- vagy málnalekvár (konzerv)

60 ml/4 evőkanál víz

50 g/2 oz/½ csésze szárított (aprított) kókuszdió

5 glacé (kandírozott) cseresznye, félbevágva

A vajat vagy a margarint habosra keverjük, majd a cukrot habosra keverjük. Fokozatosan beleütjük a tojásokat, majd beleforgatjuk a lisztet. Kilenc kivajazott dariole (várpuding) formába kanalazzuk, és sütőlapra tesszük. 190°C-ra előmelegített sütőben, 5-ös gázjelzéssel 20 percig sütjük, amíg szép megkel és aranybarna nem lesz. Hagyja hűlni a formákban 5 percig, majd fordítsa rácsra, hogy teljesen kihűljön.

Vágja le minden torta tetejét, hogy lapos alapot képezzen. Szűrjük le (szűrjük) a lekvárt, és egy kis lábasban forraljuk fel vízzel, kevergetve, amíg jól el nem keveredik. Terítse el a kókuszt egy nagy zsírálló (viaszos) papírlapon. Nyárson nyomjunk az első torta aljába, kenjük le lekváros mázzal, majd forgassuk bele a kókuszba, amíg el nem fedi. Tálaló tányérra tesszük. Ismételje meg a többi süteménnyel. A tetejére félbevágott glace cseresznye.

Marcipán torták

Körülbelül 12-t tesz ki

450 g/1 font/4 csésze őrölt mandula

100 g/4 uncia/2/3 csésze porcukor (cukrászipari), szitált

100 g/4 oz/½ csésze porcukor (szuperfinom).

30 ml/2 evőkanál víz

3 tojás fehérje

A cukormázhoz (fagyáshoz):
100 g/4 uncia/2/3 csésze porcukor (cukrászipari), szitált

1 tojás fehérje

2,5 ml/½ teáskanál ecet

Egy serpenyőben összekeverjük a sütemény összes hozzávalóját, és óvatosan kevergetve melegítjük, amíg a paszta fel nem szívja az összes folyadékot. Levesszük a tűzről és hagyjuk kihűlni. Enyhén lisztezett felületen 1 cm/½ vastagra kinyújtjuk, és 3 cm/½ csíkokra vágjuk. 5 cm/2-es hosszokra vágjuk, kivajazott tepsibe rendezzük, és előmelegített sütőben 150°C/300°F/ gázjelzés 2 20 percig sütjük, amíg a teteje világosbarna nem lesz. Hagyjuk kihűlni.

A cukormáz elkészítéséhez a tojásfehérjét és az ecetet fokozatosan keverjük a porcukorral, amíg sima, sűrű hab nem lesz. Kenjük meg a cukormázzal a süteményeket.

Muffin

12-t tesz ki

225 g/8 uncia/2 csésze sima (univerzális) liszt

100 g/4 oz/½ csésze porcukor (szuperfinom).

10 ml/2 tk sütőpor

2,5 ml/½ teáskanál só

1 tojás, enyhén felverve

250 ml/8 fl oz/1 csésze tej

120 ml/4 fl uncia/½ csésze olaj

A lisztet, a cukrot, a sütőport és a sót összekeverjük, és mélyedést készítünk a közepébe. A többi hozzávalót összeturmixoljuk, és a száraz hozzávalókhoz keverjük, amíg el nem keveredik. Ne keverje túl. Kanalazzuk muffinformákba (papírokba) vagy kivajazott muffinformákba (tepsibe), és 200°C-ra előmelegített sütőben süssük 20 percig, amíg jól megkel és rugalmas tapintású lesz.

Almás Muffin

12-t tesz ki

225 g/8 uncia/2 csésze sima (univerzális) liszt

100 g/4 oz/½ csésze porcukor (szuperfinom).

10 ml/2 tk sütőpor

2,5 ml/½ teáskanál só

1 tojás, enyhén felverve

250 ml/8 fl oz/1 csésze tej

120 ml/4 fl uncia/½ csésze olaj

2 étkezési (desszert) alma, meghámozva, kimagozva és apróra vágva

A lisztet, a cukrot, a sütőport és a sót összekeverjük, és mélyedést készítünk a közepébe. A többi hozzávalót összeturmixoljuk, és a száraz hozzávalókhoz keverjük, amíg el nem keveredik. Ne keverje túl. Kanalazzuk muffinformákba (papírokba) vagy kivajazott muffinformákba (tepsibe), és 200°C-ra előmelegített sütőben süssük 20 percig, amíg jól megkel és rugalmas tapintású lesz.

Banán Muffin

12-t tesz ki

225 g/8 uncia/2 csésze sima (univerzális) liszt

100 g/4 oz/½ csésze porcukor (szuperfinom).

10 ml/2 tk sütőpor

2,5 ml/½ teáskanál só

1 tojás, enyhén felverve

250 ml/8 fl oz/1 csésze tej

120 ml/4 fl uncia/½ csésze olaj

2 banán, pépesítve

A lisztet, a cukrot, a sütőport és a sót összekeverjük, és mélyedést készítünk a közepébe. A többi hozzávalót összeturmixoljuk, és a száraz hozzávalókhoz keverjük, amíg el nem keveredik. Ne keverje túl. Kanalazzuk muffinformákba (papírokba) vagy kivajazott muffinformákba (tepsibe), és 200°C-ra előmelegített sütőben süssük 20 percig, amíg jól megkel és rugalmas tapintású lesz.

Fekete ribizli Muffin

12-t tesz ki

225 g/8 oz/2 csésze önnövekvő (magán kelő) liszt

75 g/3 oz/1/3 csésze porcukor (szuperfinom).

2 tojásfehérje

75 g/3 uncia feketeribizli

200 ml/7 fl oz/kevés 1 csésze tej

30 ml/2 evőkanál olaj

Keverjük össze a lisztet és a cukrot. A tojásfehérjét enyhén felverjük, majd a száraz hozzávalókhoz keverjük. Hozzákeverjük a fekete ribizlit, a tejet és az olajat. Kikent muffinformákba kanalazzuk, és 200°C-ra előmelegített sütőben 15-20 perc alatt aranybarnára sütjük.

Amerikai áfonyás Muffin

12-t tesz ki

150 g/5 uncia/1¼ csésze sima (univerzális) liszt

75 g/3 uncia/¾ csésze kukoricadara

75 g/3 oz/1/3 csésze porcukor (szuperfinom).

10 ml/2 tk sütőpor

Egy csipet só

1 tojás, enyhén felverve

75 g/3 uncia/1/3 csésze vaj vagy margarin, olvasztott

250 ml/8 fl oz/1 csésze író

100 g/4 uncia áfonya

A lisztet, a kukoricadarát, a cukrot, a sütőport és a sót összekeverjük, és mélyedést készítünk a közepébe. Adjuk hozzá a tojást, a vajat vagy a margarint és az írót, és keverjük össze, amíg össze nem áll. Hozzákeverjük az áfonyát vagy a szedret. Muffin tepsibe (papírokba) kanalazzuk, és előmelegített sütőben 200°C/400°F/gázjelzés 6 20 perc alatt aranybarnára és rugalmas tapintásúra sütjük.

Cseresznye Muffin

12-t tesz ki

225 g/8 uncia/2 csésze sima (univerzális) liszt

100 g/4 oz/½ csésze porcukor (szuperfinom).

100 g/4 oz/½ csésze glacé (kandírozott) cseresznye

10 ml/2 tk sütőpor

2,5 ml/½ teáskanál só

1 tojás, enyhén felverve

250 ml/8 fl oz/1 csésze tej

120 ml/4 fl uncia/½ csésze olaj

A lisztet, a cukrot, a meggyet, a sütőport és a sót összekeverjük, és mélyedést készítünk a közepébe. A többi hozzávalót összeturmixoljuk, és a száraz hozzávalókhoz keverjük, amíg el nem keveredik. Ne keverje túl. Kanalazzuk muffinformákba (papírokba) vagy kivajazott muffinformákba (tepsibe), és 200°C-ra előmelegített sütőben süssük 20 percig, amíg jól megkel és rugalmas tapintású lesz.

Csokis Muffin

10-12

175 g/6 uncia/1½ csésze sima (univerzális) liszt

40 g/1½ oz/1/3 csésze kakaópor (cukrozatlan csokoládé)

100 g/4 oz/½ csésze porcukor (szuperfinom).

10 ml/2 tk sütőpor

2,5 ml/½ teáskanál só

1 nagy tojás

250 ml/8 fl oz/1 csésze tej

2,5 ml/½ teáskanál vanília esszencia (kivonat)

120 ml/4 fl oz/½ csésze napraforgó- vagy növényi olaj

Keverjük össze a száraz hozzávalókat, és készítsünk mélyedést a közepébe. A tojást, a tejet, a vanília esszenciát és az olajat alaposan összekeverjük. Gyorsan keverje hozzá a folyadékot a száraz hozzávalókhoz, amíg mind el nem keveredik. Ne keverje túl; a keveréknek csomósnak kell lennie. Muffin formákba (papírokba) vagy tepsibe kanalazzuk, és előmelegített sütőben, 200°C/400°F/gáz 6-os fokozaton kb. 20 percig sütjük, amíg jól megkel és rugalmas tapintású lesz.

Csokis Muffin

12-t tesz ki

175 g/6 uncia/1½ csésze sima (univerzális) liszt

100 g/4 oz/½ csésze porcukor (szuperfinom).

45 ml/3 evőkanál kakaópor (cukrozatlan csokoládé).

100 g/4 oz/1 csésze csokoládéforgács

10 ml/2 tk sütőpor

2,5 ml/½ teáskanál só

1 tojás, enyhén felverve

250 ml/8 fl oz/1 csésze tej

120 ml/4 fl uncia/½ csésze olaj

2,5 ml/½ teáskanál vanília esszencia (kivonat)

A lisztet, a cukrot, a kakaót, a csokireszeléket, a sütőport és a sót összekeverjük, és mélyedést készítünk a közepébe. A többi hozzávalót összeturmixoljuk, és a száraz hozzávalókhoz keverjük, amíg el nem keveredik. Ne keverje túl. Kanalazzuk muffinformákba (papírokba) vagy kivajazott muffinformákba (tepsibe), és 200°C-ra előmelegített sütőben süssük 20 percig, amíg jól megkel és rugalmas tapintású lesz.

Fahéjas Muffin

12-t tesz ki

225 g/8 uncia/2 csésze sima (univerzális) liszt

100 g/4 oz/½ csésze porcukor (szuperfinom).

10 ml/2 tk sütőpor

5 ml/1 teáskanál őrölt fahéj

2,5 ml/½ teáskanál só

1 tojás, enyhén felverve

250 ml/8 fl oz/1 csésze tej

120 ml/4 fl uncia/½ csésze olaj

A lisztet, a cukrot, a sütőport, a fahéjat és a sót összekeverjük, és mélyedést készítünk a közepébe. A többi hozzávalót összeturmixoljuk, és a száraz hozzávalókhoz keverjük, amíg el nem keveredik. Ne keverje túl. Kanalazzuk muffinformákba (papírokba) vagy kivajazott muffinformákba (tepsibe), és 200°C-ra előmelegített sütőben süssük 20 percig, amíg jól megkel és rugalmas tapintású lesz.

Kukoricalisztes Muffin

12-t tesz ki

50 g/2 uncia/½ csésze sima (univerzális) liszt

100 g/4 uncia/1 csésze kukoricadara

5 ml/1 teáskanál sütőpor

1 tojás, szétválasztva

1 tojássárgája

30 ml/2 evőkanál kukoricaolaj

30 ml/2 evőkanál tej

Keverjük össze a lisztet, a kukoricadarát és a sütőport. A tojássárgáját, az olajat és a tejet habosra keverjük, majd a száraz hozzávalókhoz keverjük. A tojásfehérjét kemény habbá verjük, majd a masszához forgatjuk. Kanalazzuk muffinformákba (papírokba) vagy kivajazott muffinformákba (tepsibe), és 200°C-ra előmelegített sütőben süssük 20 perc alatt aranybarnára.

Teljes kiőrlésű füge Muffin

10-et tesz ki

100 g/4 oz/1 csésze teljes kiőrlésű (teljes kiőrlésű) liszt

5 ml/1 teáskanál sütőpor

50 g/2 uncia/½ csésze hengerelt zab

50 g/2 uncia/1/3 csésze szárított füge, apróra vágva

45 ml/3 evőkanál olaj

75 ml/5 evőkanál tej

15 ml/1 evőkanál fekete melasz (melasz)

1 tojás, enyhén felverve

Keverjük össze a lisztet, a sütőport és a zabot, majd keverjük hozzá a fügét. Az olajat, a tejet és a melaszot összekeverjük, majd a száraz hozzávalókhoz keverjük a tojással, és kemény tésztává keverjük. Tegyen kanálnyi keveréket muffinformákba (papírokba) vagy kivajazott muffinformákba (tepsibe), és 190°C-ra előmelegített sütőben süsse kb. 20 perc alatt aranybarnára.

Gyümölcsös és korpás muffin

8-at tesz ki

100 g/4 uncia/1 csésze All Bran gabonapehely

50 g/2 uncia/½ csésze sima (univerzális) liszt

2,5 ml/½ teáskanál sütőpor

5 ml/1 teáskanál szódabikarbóna (szódabikarbóna)

5 ml/1 teáskanál őrölt kevert (almás pite) fűszer

50 g/2 uncia/1/3 csésze mazsola

100 g/4 oz/1 csésze almapüré (szósz)

5 ml/1 tk vanília esszencia (kivonat)

30 ml/2 evőkanál tej

Keverjük össze a száraz hozzávalókat, és készítsünk mélyedést a közepébe. Hozzákeverjük a mazsolát, az almapürét és a vanília esszenciát és annyi tejet, hogy lágy keveréket kapjunk. Kanalazzuk muffinformákba (papírokba) vagy kivajazott muffinformákba (tepsibe), és 200°C-ra előmelegített sütőben süssük 20 percig, amíg jól megkel és aranybarna nem lesz.

Zab Muffin

20-at tesz ki

100 g/4 oz/1 csésze zabpehely

100 g/4 oz/1 csésze zabliszt

225 g/8 uncia/2 csésze teljes kiőrlésű (teljes kiőrlésű) liszt

10 ml/2 tk sütőpor

50 g/2 uncia/1/3 csésze mazsola (opcionális)

375 ml/13 fl uncia/1½ csésze tej

10 ml/2 teáskanál olaj

2 tojásfehérje

Keverjük össze a zabpelyhet, a liszteket és a sütőport, és ha használjuk, keverjük hozzá a mazsolát. Keverjük hozzá a tejet és az olajat. A tojásfehérjét kemény habbá verjük, majd a masszához forgatjuk. Kanalazzuk muffinformákba (papírokba) vagy kivajazott muffinformákba (tepsibe), és 190°C-ra előmelegített sütőben süssük 25 perc alatt aranybarnára.

Zabpehely gyümölcs Muffin

10-et tesz ki

100 g/4 oz/1 csésze teljes kiőrlésű (teljes kiőrlésű) liszt

100 g/4 oz/1 csésze zabpehely

15 ml/1 evőkanál sütőpor

100 g/4 uncia/2/3 csésze szultána (arany mazsola)

50 g/2 oz/½ csésze apróra vágott vegyes dió

1 étkezési (desszert) alma, meghámozva, kimagozva és lereszelve

45 ml/3 evőkanál olaj

30 ml/2 evőkanál tiszta méz

15 ml/1 evőkanál fekete melasz (melasz)

1 tojás, enyhén felverve

90 ml/6 evőkanál tej

Keverjük össze a lisztet, a zabpelyhet és a sütőport. Keverje hozzá a szultánt, a diót és az almát. Az olajat, a mézet és a melaszot felolvadásig melegítjük, majd a tojással és annyi tejjel keverjük hozzá, hogy lágy csepegtető állagot kapjunk. Kanalazzuk muffinformákba (papírokba) vagy kivajazott muffinformákba (tepsibe), és 190°C-ra előmelegített sütőben süssük 25 perc alatt aranybarnára.

Narancssárga Muffin

12-t tesz ki

100 g/4 oz/1 csésze önnövekvő (magán kelő) liszt

100 g/4 uncia/½ csésze puha barna cukor

1 tojás, enyhén felverve

120 ml/4 fl oz/½ csésze narancslé

60 ml/4 evőkanál olaj

2,5 ml/½ teáskanál vanília esszencia (kivonat)

25 g/1 uncia/2 evőkanál vaj vagy margarin

30 ml/2 evőkanál sima (univerzális) liszt

2,5 ml/½ teáskanál őrölt fahéj

Egy tálban keverjük össze az önkelesztő lisztet és a cukor felét. Keverjük össze a tojást, a narancslevet, az olajat és a vanília esszenciát, majd keverjük a száraz hozzávalókhoz. Ne keverje túl. Muffin formákba (papírokba) vagy kivajazott muffinformákba (tepsibe) kanalazzuk, és 200°C-ra előmelegített sütőben 10 percig sütjük.

Közben az öntethez való vajat vagy margarint a sima liszthez dörzsöljük, majd belekeverjük a maradék cukrot és a fahéjat. Szórjuk rá a muffinokat, és tegyük vissza a sütőbe további 5 percre, amíg aranybarnák nem lesznek.

Barackos Muffin

12-t tesz ki

225 g/8 uncia/2 csésze sima (univerzális) liszt

100 g/4 oz/½ csésze porcukor (szuperfinom).

10 ml/2 tk sütőpor

2,5 ml/½ teáskanál só

1 tojás, enyhén felverve

175 ml/6 fl uncia/¾ csésze tej

120 ml/4 fl uncia/½ csésze olaj

200 g/7 oz/1 kis konzerv őszibarack, lecsepegtetve és apróra vágva

A lisztet, a cukrot, a sütőport és a sót összekeverjük, és mélyedést készítünk a közepébe. A többi hozzávalót összeturmixoljuk, és a száraz hozzávalókhoz keverjük, amíg el nem keveredik. Ne keverje túl. Kanalazzuk muffinformákba (papírokba) vagy kivajazott muffinformákba (tepsibe), és 200°C-ra előmelegített sütőben süssük 20 percig, amíg jól megkel és rugalmas tapintású lesz.

Mogyoróvajas Muffin

12-t tesz ki

225 g/8 uncia/2 csésze sima (univerzális) liszt

100 g/4 uncia/½ csésze puha barna cukor

10 ml/2 tk sütőpor

2,5 ml/½ teáskanál só

1 tojás, enyhén felverve

250 ml/8 fl oz/1 csésze tej

120 ml/4 fl uncia/½ csésze olaj

45 ml/3 evőkanál mogyoróvaj

A lisztet, a cukrot, a sütőport és a sót összekeverjük, és mélyedést készítünk a közepébe. A többi hozzávalót összeturmixoljuk, és a száraz hozzávalókhoz keverjük, amíg el nem keveredik. Ne keverje túl. Kanalazzuk muffinformákba (papírokba) vagy kivajazott muffinformákba (tepsibe), és 200°C-ra előmelegített sütőben süssük 20 percig, amíg jól megkel és rugalmas tapintású lesz.

Ananász Muffin

12-t tesz ki

225 g/8 uncia/2 csésze sima (univerzális) liszt

100 g/4 uncia/½ csésze puha barna cukor

10 ml/2 tk sütőpor

2,5 ml/½ teáskanál só

1 tojás, enyhén felverve

175 ml/6 fl uncia/¾ csésze tej

120 ml/4 fl uncia/½ csésze olaj

200 g/7 oz/1 kis ananászkonzerv, lecsepegtetve és apróra vágva

30 ml/2 evőkanál demerara cukor

A lisztet, a puha barna cukrot, a sütőport és a sót összekeverjük, és mélyedést készítünk a közepébe. A demerara cukor kivételével az összes többi hozzávalót összekeverjük, és a száraz hozzávalókhoz keverjük, amíg el nem keveredik. Ne keverje túl. Muffin formákba (papírokba) vagy kivajazott muffinformákba (tepsibe) kanalazzuk, és megszórjuk a demerara cukorral. 200°C-ra előmelegített sütőben 20 percig sütjük, amíg jól megkel és rugalmas tapintású lesz.

Málnás Muffin

12-t tesz ki

225 g/8 uncia/2 csésze sima (univerzális) liszt

100 g/4 oz/½ csésze porcukor (szuperfinom).

10 ml/2 tk sütőpor

2,5 ml/½ teáskanál só

200 g/7 oz málna

1 tojás, enyhén felverve

250 ml/8 fl oz/1 csésze tej

120 ml/4 fl oz/½ csésze növényi olaj

Keverjük össze a lisztet, a cukrot, a sütőport és a sót. Hozzákeverjük a málnát, és mélyedést készítünk a közepébe. Keverjük össze a tojást, a tejet és az olajat, és öntsük a száraz hozzávalókhoz. Óvatosan keverjük addig, amíg az összes száraz hozzávaló el nem keveredik, de a keverék továbbra is csomós lesz. Ne verje túl. A masszát kanalazzuk muffinformákba (papírokba) vagy kivajazott muffinformákba (tepsibe), és előmelegített sütőben, 200°C/400°F/6-os gázjelzéssel süssük 20 percig, amíg jól megkel és rugalmas tapintású lesz.

Málnás és citromos Muffin

12-t tesz ki

175 g/6 uncia/1½ csésze sima (univerzális) liszt

50 g/2 uncia/¼ csésze kristálycukor

50 g/2 uncia/¼ csésze puha barna cukor

10 ml/2 tk sütőpor

5 ml/1 teáskanál őrölt fahéj

Egy csipet só

1 tojás, enyhén felverve

100 g/4 oz/½ csésze vaj vagy margarin, olvasztott

120 ml/4 fl oz/½ csésze tej

100 g/4 oz friss málna

10 ml/2 tk reszelt citromhéj

A feltéthez:
75 g/3 uncia/½ csésze porcukor (cukrászipari), átszitált

15 ml/1 evőkanál citromlé

A lisztet, kristálycukrot, barna cukrot, sütőport, fahéjat és sót egy tálban összekeverjük, és mélyedést készítünk a közepébe. Hozzáadjuk a tojást, a vajat vagy a margarint és a tejet, és addig turmixoljuk, amíg a hozzávalók össze nem keverednek. Belekeverjük a málnát és a citromhéjat. Kanalazzuk muffinformákba (papírokba) vagy kivajazott muffinformákba (tepsibe), és 180°C/350°F/gázjelzés 4-es előmelegített sütőben süssük 20 perc alatt aranybarnára és rugalmas tapintásúra. Az öntethez keverjük össze a porcukrot és a citromlevet, és csorgassuk rá a meleg muffinokra.

Sultana Muffin

12-t tesz ki

225 g/8 uncia/2 csésze sima (univerzális) liszt

100 g/4 oz/½ csésze porcukor (szuperfinom).

100 g/4 uncia/2/3 csésze szultána (arany mazsola)

10 ml/2 tk sütőpor

5 ml/1 teáskanál őrölt kevert (almás pite) fűszer

2,5 ml/½ teáskanál só

1 tojás, enyhén felverve

250 ml/8 fl oz/1 csésze tej

120 ml/4 fl uncia/½ csésze olaj

A lisztet, a cukrot, a szultánt, a sütőport, a fűszereket és a sót összekeverjük, és mélyedést készítünk a közepébe. Keverje össze a többi hozzávalót, amíg csak el nem keveredik. Kanalazzuk muffinformákba (papírokba) vagy kivajazott muffinformákba (tepsibe), és 200°C-ra előmelegített sütőben süssük 20 percig, amíg jól megkel és rugalmas tapintású lesz.

Mellékes muffin

12-t tesz ki

225 g/8 uncia/2 csésze sima (univerzális) liszt

100 g/4 uncia/½ csésze puha barna cukor

10 ml/2 tk sütőpor

2,5 ml/½ teáskanál só

1 tojás, enyhén felverve

175 ml/6 fl uncia/¾ csésze tej

60 ml/4 evőkanál fekete melasz (melasz)

120 ml/4 fl uncia/½ csésze olaj

A lisztet, a cukrot, a sütőport és a sót összekeverjük, és mélyedést készítünk a közepébe. Keverje össze a többi hozzávalót, amíg csak el nem keveredik. Ne keverje túl. Kanalazzuk muffinformákba (papírokba) vagy kivajazott muffinformákba (tepsibe), és 200°C-ra előmelegített sütőben süssük 20 percig, amíg jól megkel és rugalmas tapintású lesz.

Melaszhal és zab muffin

10-et tesz ki

100 g/4 uncia/1 csésze sima (univerzális) liszt

175 g/6 uncia/1½ csésze hengerelt zab

100 g/4 uncia/½ csésze puha barna cukor

15 ml/1 evőkanál sütőpor

5 ml/1 teáskanál őrölt fahéj

2,5 ml/½ teáskanál só

1 tojás, enyhén felverve

120 ml/4 fl oz/½ csésze tej

60 ml/4 evőkanál fekete melasz (melasz)

75 ml/5 evőkanál olaj

A lisztet, a zabot, a cukrot, a sütőport, a fahéjat és a sót összekeverjük, és mélyedést készítünk a közepébe. Keverjük össze a többi hozzávalót, majd keverjük a száraz hozzávalókhoz, amíg teljesen össze nem keveredik. Ne keverje túl. Kanalazzuk muffinformákba (papírokba) vagy kivajazott muffinformákba (tepsibe), és 200°C-ra előmelegített sütőben süssük 15 percig, amíg jól megkel és rugalmas tapintású lesz.

Zab pirítósok

8-at tesz ki

225 g/8 uncia/2 csésze hengerelt zab

100 g/4 oz/1 csésze teljes kiőrlésű (teljes kiőrlésű) liszt

5 ml/1 teáskanál só

5 ml/1 teáskanál sütőpor

50 g/2 uncia/¼ csésze disznózsír (rövidítő)

30 ml/2 evőkanál hideg víz

Keverjük össze a száraz hozzávalókat, majd dörzsöljük bele a disznózsírt, amíg a keverék zsemlemorzsára nem hasonlít. Adjunk hozzá annyi vizet, hogy kemény tésztát kapjunk. Enyhén lisztezett felületen 18 cm-es kör alakúra kinyújtjuk, és nyolc szeletre vágjuk. Kivajazott tepsire tesszük, és 180°C-ra előmelegített sütőben 25 percig sütjük. Vajjal, lekvárral vagy lekvárral tálaljuk.

Epres szivacsomlettek

18-at tesz ki

5 tojássárgája

75 g/3 oz/1/3 csésze porcukor (szuperfinom).

Egy csipet só

½ citrom reszelt héja

4 tojás fehérje

40 g/1½ oz/1/3 csésze kukoricaliszt (kukoricakeményítő)

40 g/1½ oz/1/3 csésze sima (univerzális) liszt

40 g/1½ oz/3 evőkanál vaj vagy margarin, olvasztott

300 ml/½ pt/1¼ csésze tejszínhab

225 g/8 uncia eper

Porcukor (cukrászipari) szitán, porozáshoz

A tojások sárgáját 25 g porcukorral habosra és sűrűre verjük, majd a sóval és a citromhéjjal habosra keverjük. A tojásfehérjéket kemény habbá verjük, majd hozzáadjuk a maradék porcukrot, és tovább verjük, amíg kemény és fényes nem lesz. Belekeverjük a tojássárgáját, majd beleforgatjuk a kukoricalisztet és a lisztet. Hozzákeverjük az olvasztott vajat vagy margarint. Tegye át a keveréket egy 1 cm/½-es sima fúvókával (véggel) ellátott csőzsákba, és 15 cm/6-os körökben pipálja ki egy kivajazott és kibélelt sütőlapon. 220°C-ra előmelegített sütőben 10 percig sütjük, amíg meg nem pirul, de nem barnul meg. Hagyjuk kihűlni.

A tejszínt kemény habbá verjük. Mindegyik kör felére vékony réteget simítunk, ráhelyezzük az epret, majd még krémmel fejezzük be. Hajtsa rá az „omlett" felső felét. Porcukorral meghintjük és tálaljuk.

Borsmentás sütemények

12-t tesz ki

100 g/4 oz/½ csésze vaj vagy margarin, lágyítva

100 g/4 oz/½ csésze porcukor (szuperfinom).

2 tojás, enyhén felverve

75 g/3 oz/¾ csésze önnövekvő (magán kelő) liszt

10 ml/2 teáskanál kakaópor (cukrozatlan csokoládé).

Egy csipet só

225 g/8 uncia/11/3 csésze porcukor (cukrászipari), szitált

30 ml/2 evőkanál víz

Néhány csepp zöld ételfesték

Néhány csepp borsmenta esszencia (kivonat)

Csokoládé menta, félbevágva, díszítéshez

A vajat vagy a margarint és a cukrot habosra keverjük, majd fokozatosan hozzákeverjük a tojásokat. Belekeverjük a lisztet, a kakaót és a sót. Kivajazott zsemleformákba (pogácsás tepsibe) kanalazzuk, és előmelegített sütőben 200°C/400°F/gázjelzés 6 10 percig sütjük, amíg rugalmas tapintású lesz. Hagyjuk kihűlni.

A porcukrot egy tálba szitáljuk és 15 ml/1 evőkanál vízben elkeverjük, majd ízlés szerint hozzáadjuk az ételfestéket és a borsmenta eszenciát. Adjon hozzá még vizet, ha szükséges, hogy olyan állagot kapjon, amely bevonja a kanál hátát. Kenjük meg a cukormázzal a sütemények tetejét, és díszítsük csokoládé mentával.

Mazsolás sütemények

12-t tesz ki

175 g/6 uncia/1 csésze mazsola

250 ml/8 fl uncia/1 csésze víz

5 ml/1 teáskanál szódabikarbóna (szódabikarbóna)

100 g/4 oz/½ csésze vaj vagy margarin, lágyítva

100 g/4 uncia/½ csésze puha barna cukor

1 tojás, felvert

5 ml/1 tk vanília esszencia (kivonat)

200 g/7 uncia/1¾ csésze sima (univerzális) liszt

5 ml/1 teáskanál sütőpor

Egy csipet só

A mazsolát, a vizet és a szódabikarbónát egy lábasban felforraljuk, majd lassú tűzön 3 percig főzzük. Hagyjuk langyosra hűlni. A vajat vagy a margarint és a cukrot habosra és habosra keverjük. Fokozatosan keverjük hozzá a tojást és a vanília esszenciát. Keverjük hozzá a mazsolás keverékhez, majd keverjük hozzá a lisztet, a sütőport és a sót. A keveréket kanalazzuk muffinformákba (papírokba) vagy kivajazott muffinformákba (tepsibe), és előmelegített sütőben, 180°C-on, 12-15 percig süssük, amíg jól megkel és aranybarna nem lesz.

Mazsola fürtök

24-es lesz

225 g/8 uncia/2 csésze sima (univerzális) liszt

Egy csipet őrölt vegyes (almás pite) fűszer

5 ml/1 teáskanál szódabikarbóna (szódabikarbóna)

225 g/8 oz/1 csésze porcukor (szuperfinom).

45 ml/3 evőkanál őrölt mandula

225 g/8 uncia/1 csésze vaj vagy margarin, olvasztott

45 ml/3 evőkanál mazsola

1 tojás, enyhén felverve

Keverjük össze a száraz hozzávalókat, majd keverjük hozzá az olvasztott vajat vagy margarint, majd a mazsolát és a tojást. Jól keverjük kemény masszává. Enyhén lisztezett felületen nyújtsuk ki kb. 5 mm/¼ vastagságúra, és vágjuk 5 mm x 20 cm/¼ x 8 hüvelyk méretű csíkokra. A felső felületet enyhén nedvesítsük meg kevés vízzel, majd a rövidebb végétől kezdve tekerjük fel mindegyik csíkot. Kivajazott tepsire helyezzük, és előmelegített sütőben 200°C-on 15 perc alatt aranybarnára sütjük.

Málnás zsemle

12 zsemlét készít

225 g/8 uncia/2 csésze sima (univerzális) liszt

7,5 ml/½ evőkanál sütőpor

2,5 ml/½ teáskanál őrölt kevert (almás pite) fűszer

Egy csipet só

75 g/3 uncia/1/3 csésze vaj vagy margarin

75 g/3 uncia/1/3 csésze porcukor (szuperfinom) plusz a szóráshoz

1 tojás

60 ml/4 evőkanál tej

60 ml/4 evőkanál málnalekvár (konzerv)

Keverjük össze a lisztet, a sütőport, a fűszert és a sót, majd dörzsöljük bele a vajat vagy a margarint, amíg zsemlemorzsa nem lesz. Keverjük hozzá a cukrot. Hozzákeverjük a tojást és annyi tejet, hogy kemény tésztát kapjunk. 12 golyóra osztjuk, és kivajazott tepsire tesszük. Mindegyik közepébe ujjal lyukat készítünk, és belekanalazunk egy kevés málnalekvárt. Megkenjük tejjel és megszórjuk porcukorral. 220°C-ra előmelegített sütőben 10-15 perc alatt aranybarnára sütjük. A tetejére, ha szükséges, még egy kis lekvárt teszünk.

Barna rizs és napraforgó sütemények

12-t tesz ki

75 g/3 uncia/¾ csésze főtt barna rizs

50 g/2 oz/½ csésze napraforgómag

25 g/1 uncia/¼ csésze szezámmag

40 g mazsola

40 g/1½ oz/¼ csésze glacé (kandírozott) meggy, negyedelve

25 g/1 uncia/2 evőkanál puha barna cukor

15 ml/1 evőkanál tiszta méz

75 g/3 uncia/1/3 csésze vaj vagy margarin

5 ml/1 teáskanál citromlé

Keverjük össze a rizst, a magokat és a gyümölcsöt. A cukrot, a mézet, a vajat vagy a margarint és a citromlevet felolvasztjuk, és a rizses keverékhez keverjük. 12 tortalapba kanalazzuk, és 200°C-ra előmelegített sütőben 15 percig sütjük.

Rock Cakes

12-t tesz ki

225 g/8 uncia/2 csésze sima (univerzális) liszt

Egy csipet só

10 ml/2 tk sütőpor

50 g/2 uncia/¼ csésze vaj vagy margarin

50 g/2 uncia/¼ csésze disznózsír (rövidítő)

100 g/4 uncia/2/3 csésze szárított vegyes gyümölcs (gyümölcstorta keverék)

100 g/4 oz/½ csésze demerara cukor

½ citrom reszelt héja

1 tojás

15-30 ml/1-2 evőkanál tej

Keverjük össze a lisztet, a sót és a sütőport, majd dörzsöljük bele a vajat vagy a margarint és a zsírt, amíg a keverék zsemlemorzsa nem lesz. Keverje hozzá a gyümölcsöt, a cukrot és a citrom héját. Verjük fel a tojást 15 ml/1 evőkanál tejjel, adjuk hozzá a száraz hozzávalókhoz, és keverjük kemény tésztává, ha szükséges még adjunk hozzá tejet. A keverékből kis halmokat tegyünk egy kivajazott tepsire, és előmelegített sütőben 200°C/400°F/6-os gázjellel süsd 15-20 perc alatt aranybarnára.

Cukormentes Rock Cakes

12-t tesz ki

75 g/3 uncia/1/3 csésze vaj vagy margarin

175 g/6 uncia/1¼ csésze teljes kiőrlésű (teljes kiőrlésű) liszt

50 g/2 uncia/½ csésze zabliszt

10 ml/2 tk sütőpor

5 ml/1 teáskanál őrölt fahéj

100 g/4 uncia/2/3 csésze szultána (arany mazsola)

1 citrom reszelt héja

1 tojás, enyhén felverve

90 ml/6 evőkanál tej

Dörzsölje el a vajat vagy a margarint a lisztekben, a sütőporban és a fahéjban, amíg a keverék zsemlemorzsára nem hasonlít. Keverje hozzá a szultánokat és a citrom héját. Adjuk hozzá a tojást és annyi tejet, hogy lágy masszát kapjunk. Tegye a kanalakat kivajazott tepsire, és 200°C-ra előmelegített sütőben süsse 15-20 perc alatt aranybarnára.

Sáfrányos sütemények

12-t tesz ki

Egy csipet őrölt sáfrány

75 ml/5 evőkanál forrásban lévő víz

75 ml/5 evőkanál hideg víz

100 g/4 oz/½ csésze vaj vagy margarin, lágyítva

225 g/8 oz/1 csésze porcukor (szuperfinom).

2 tojás, enyhén felverve

225 g/8 uncia/2 csésze sima (univerzális) liszt

10 ml/2 tk sütőpor

2,5 ml/½ teáskanál só

175 g/6 uncia/1 csésze szultána (arany mazsola)

175 g/6 oz/1 csésze apróra vágott vegyes (kandírozott) héj

Áztasd a sáfrányt forrásban lévő vízbe 30 percre, majd add hozzá a hideg vizet. A vajat vagy a margarint és a cukrot habosra keverjük, majd fokozatosan hozzákeverjük a tojásokat. A lisztet összekeverjük a sütőporral és a sóval, majd 50 g lisztkeveréket keverjünk össze a szultánokkal és a kevert héjjal. A lisztet a sáfrányos vízzel felváltva keverjük a tejszínes masszához, majd forgassuk bele a gyümölcsöt. Muffin formákba (papírokba) vagy kivajazott és lisztezett muffinformákba (tepsibe) kanalazzuk, és 190°C-ra előmelegített sütőben, 5-ös gázjelzéssel kb. 15 percig sütjük, amíg rugalmas tapintású lesz.

Rum Babas

8-at tesz ki

100 g/4 oz/1 csésze erős sima (kenyér)liszt

5 ml/1 teáskanál könnyen keverhető szárított élesztő

Egy csipet só

45 ml/3 evőkanál meleg tej

2 tojás, enyhén felverve

50 g/2 oz/¼ csésze vaj vagy margarin, olvasztott

25 g/1 uncia/3 evőkanál ribizli

A sziruphoz:

250 ml/8 fl uncia/1 csésze víz

75 g/3 oz/1/3 csésze kristálycukor

20 ml/4 teáskanál citromlé

60 ml/4 evőkanál rum

A mázhoz és a díszítéshez:

60 ml/4 evőkanál baracklekvár (konzerv), átszitált (szűrt)

15 ml/1 evőkanál víz

150 ml/¼ pt/2/3 csésze habverő vagy dupla (nehéz) tejszín

4 glacé (kandírozott) cseresznye, félbevágva

Néhány csík angyalgyökér, háromszögekre vágva

Egy tálban keverjük össze a lisztet, az élesztőt és a sót, és készítsünk mélyedést a közepébe. Keverjük össze a tejet, a tojást és a vajat vagy margarint, majd keverjük a liszttel sima tésztává. Belekeverjük a ribizlit. A masszát nyolc kikent és lisztezett, különálló gyűrűs formába (csőtepsibe) kanalazzuk úgy, hogy csak a formák egyharmadára kerüljön. Fedjük le olajozott fóliával (műanyag fóliával), és hagyjuk meleg helyen 30 percig, amíg a tészta fel nem kel a formák tetejére. 200°C-ra előmelegített sütőben 15 perc alatt aranybarnára sütjük. Fordítsuk fejjel lefelé a formákat, és hagyjuk hűlni 10 percig, majd húzzuk ki a tortákat a formákból, és tegyük egy nagy, sekély edénybe. Villával szurkáljuk meg az egészet.

A szirup elkészítéséhez a vizet, a cukrot és a citromlevet lassú tűzön felmelegítjük, addig keverjük, amíg a cukor feloldódik. Emeljük fel a hőt és forraljuk fel. Levesszük a tűzről, és belekeverjük a rumot. A forró szirupot kanalazzuk a süteményekre, és hagyjuk 40 percig, hogy beszívódjon.

A lekvárt és a vizet alacsony lángon addig melegítjük, amíg jól el nem keveredik. Kenjük meg a babákat, és tányérra rendezzük. Verjük fel a tejszínt, és süssük bele minden torta közepébe. Meggyel és angyalgyökérrel díszítjük.

Piskótagolyós sütemények

24-es lesz

5 tojássárgája

75 g/3 oz/1/3 csésze porcukor (szuperfinom).

7 tojás fehérje

75 g/3 uncia/¾ csésze kukoricaliszt (kukoricakeményítő)

50 g/2 uncia/½ csésze sima (univerzális) liszt

A tojássárgáját 15 ml/1 evőkanál cukorral habosra és sűrűre verjük. A tojásfehérjét kemény habbá verjük, majd a maradék cukrot is kemény habbá verjük. Fémkanállal beleforgatjuk a kukoricalisztet. A tojássárgák felét egy fémkanállal a fehérjébe forgatjuk, majd a maradék sárgát is beleforgatjuk. Nagyon óvatosan keverjük bele a lisztet. Tegye át a keveréket egy sima 2,5 cm/1-es fúvókával (véggel) ellátott csőzsákba, és egy kivajazott és kibélelt sütőlapra csípje kör alakú tortákba, egymástól jó távolságra. Előmelegített sütőben 200°C/400°F/6-os gázjellel süsd 5 percig, majd csökkentsd a sütő hőmérsékletét 180°C/350°F/4-es gázjelzésre további 10 percig, amíg aranybarna és ruganyos lesz. érintés.

Csokis piskóta

12-t tesz ki

5 tojássárgája

75 g/3 oz/1/3 csésze porcukor (szuperfinom).

7 tojás fehérje

75 g/3 uncia/¾ csésze kukoricaliszt (kukoricakeményítő)

50 g/2 uncia/½ csésze sima (univerzális) liszt

60 ml/4 evőkanál baracklekvár (konzerv), átszitált (szűrt)

30 ml/2 evőkanál víz

1 mennyiség Főtt csokoládé cukormáz

150 ml/¼ pt/2/3 csésze habtejszín

A tojássárgáját 15 ml/1 evőkanál cukorral habosra és sűrűre verjük. A tojásfehérjét kemény habbá verjük, majd a maradék cukrot is kemény habbá verjük. Fémkanállal beleforgatjuk a kukoricalisztet. A tojássárgák felét egy fémkanállal a fehérjébe forgatjuk, majd a maradék sárgáját is beleforgatjuk. Nagyon óvatosan keverjük bele a lisztet. Tegye át a keveréket egy sima 2,5 cm/1-es fúvókával (véggel) ellátott csőzsákba, és egy kivajazott és kibélelt sütőlapra csípje kör alakú tortákba, egymástól jó távolságra. 200°C/400°F/6-os gázjelzésű előmelegített sütőben süsd 5 percig, majd csökkentsd a sütő hőmérsékletét 180°C/350°F/4-es gázjelzésre további 10 percig, amíg aranybarna és ruganyos nem lesz. érintés. Áthelyezés rácsra.

Forraljuk fel a lekvárt és a vizet, amíg sűrű és jól összekeveredett, majd kenjük meg a sütemények tetejét. Hagyjuk kihűlni. A piskótákat a csokimázba mártjuk, majd hagyjuk kihűlni. A tejszínt kemény habbá verjük, majd a krémmel együtt szendvicspárokat készítünk.

Nyári hógolyók

24-es lesz

100 g/4 oz/½ csésze vaj vagy margarin, lágyítva

100 g/4 oz/½ csésze porcukor (szuperfinom).

5 ml/1 tk vanília esszencia (kivonat)

2 tojás, enyhén felverve

225 g/8 oz/2 csésze önnövekvő (magán kelő) liszt

120 ml/4 fl oz/½ csésze tej

120 ml/4 fl oz/½ csésze dupla (nehéz) tejszín

25 g/1 uncia/3 evőkanál porcukor (cukrászipari) szitán

60 ml/4 evőkanál baracklekvár (konzerv), átszitált (szűrt)

30 ml/2 evőkanál víz

150 g/5 uncia/1¼ csésze szárított (aprított) kókuszdió

A vajat vagy a margarint és a cukrot habosra keverjük. Fokozatosan belekeverjük a vanília esszenciát és a tojást, majd a tejjel felváltva beleforgatjuk a lisztet. A keveréket kivajazott muffinformákba kanalazzuk, és előmelegített sütőben 180°C/350°F/gázjelzés 4-re sütjük 15 percig, amíg jól megkel és rugalmas tapintású lesz. Tegyük rácsra hűlni. Vágjuk le a muffinok tetejét.

A tejszínt és a porcukrot kemény habbá verjük, majd minden muffin tetejére kanalazunk egy keveset, és visszatesszük a fedőt. Melegítsük fel a lekvárt vízzel, amíg el nem keveredik, majd kenjük meg a muffinok tetejét, és szórjuk meg bőségesen kókuszreszelékkel.

Szivacscseppek

12-t tesz ki

3 tojás, felvert

100 g/4 oz/½ csésze porcukor (szuperfinom).

2,5 ml/½ teáskanál vanília esszencia (kivonat)

100 g/4 uncia/1 csésze sima (univerzális) liszt

5 ml/1 teáskanál sütőpor

100 g/4 uncia/1/3 csésze málnalekvár (konzerv)

150 ml/¼ pt/2/3 csésze dupla (nehéz) tejszín, felvert

Porcukor (cukrászipari) szitán, porozáshoz

Tegye a tojást, a porcukrot és a vaníliaesszenciát egy hőálló edénybe, amelyet forró víz fölé állítanak, és addig keverjük, amíg besűrűsödik. Vegyük ki a tálat a formából, és keverjük hozzá a lisztet és a sütőport. A keverékből kis kanálokat kikent tepsire helyezünk, és előmelegített sütőben 190°C-on 10 perc alatt aranybarnára sütjük. Tegyük rácsra, és hagyjuk kihűlni. A cseppeket lekvárral és tejszínnel szendvicsbe keverjük, majd porcukorral megszórva tálaljuk.

Alap habcsók

6-8

2 tojásfehérje

100 g/4 oz/½ csésze porcukor (szuperfinom).

A tojásfehérjét egy tiszta, zsírmentes tálban verjük fel addig, amíg lágy csúcsokat nem kezdenek képezni. Adjuk hozzá a cukor felét, és folytassuk a habverést, amíg kemény csúcsok nem lesznek. Fémkanállal enyhén beleforgatjuk a maradék cukrot. Béleljünk ki egy tepsit sütőpapírral, és tegyünk rá 6-8 habcsókot. Szárítsa a habcsókat a sütőben a lehető legalacsonyabb fokozaton 2-3 órán keresztül. Hűtsük le rácson.

Mandula habcsók

12-t tesz ki

2 tojásfehérje

100 g/4 oz/½ porcukor (szuperfinom).

100 g/4 oz/1 csésze őrölt mandula

Néhány csepp mandula esszencia (kivonat)

12 fél mandula a díszítéshez

A tojásfehérjét kemény habbá verjük. Adjuk hozzá a cukor felét, és folytassuk a habverést, amíg kemény csúcsokat nem kapunk. Belekeverjük a maradék cukrot, az őrölt mandulát és a mandula eszenciát. A masszát 12 körbe kanalazzuk egy kivajazott és kibélelt tepsibe, és mindegyik tetejére tegyünk egy-egy mandula felét. Előmelegített sütőben 130°C/250°F/gázjelzés ½ 2-3 órán keresztül ropogósra sütjük.

Spanyol mandulás habcsók keksz

16-os lesz

225 g/8 oz/1 csésze kristálycukor

225 g/8 uncia/2 csésze őrölt mandula

1 tojás fehérje

100 g/4 uncia/1 csésze egész mandula

A cukrot, az őrölt mandulát és a tojásfehérjét sima tésztává verjük. Golyóba formázzuk és sodrófával elsimítjuk a tésztát. Vágjuk kis kockákra, és tegyük kiolajozott tepsire. Minden keksz (sütemény) közepébe nyomjunk egy egész mandulát. 160°C/325°F/gázjelzés 3-as előmelegített sütőben 15 percig sütjük.

Habcsók Cuite kosarak

6-ot tesz ki

4 tojás fehérje

225–250 g/8–9 uncia/11/3–1½ csésze porcukor (cukrászcukor), átszitálva

Néhány csepp vanília esszencia (kivonat)

A tojásfehérjét egy tiszta, zsírmentes, hőálló tálban verjük habosra, majd fokozatosan keverjük hozzá a porcukrot, majd a vaníliaesszenciát. Tegye a tálat egy serpenyőben enyhén forrásban lévő víz fölé, és addig keverje, amíg a habcsók megtartja formáját, és vastag nyomot hagy maga után, amikor a habverőt kiemelik. Béleljünk ki egy tepsit sütőpapírral, és rajzoljunk hat darab 7,5 cm/3-es kört a papírra. A habcsók keverék felét használva minden körbe kanalazzon egy réteg habcsókot. Helyezze a maradékot egy zsákba, és mindegyik alap széle köré csípjen két réteg habcsókot. Előmelegített sütőben 150°C/300°F/2-es gázjelzéssel körülbelül 45 percig szárítjuk.

Mandula ropogós

10-et tesz ki

2 tojásfehérje

100 g/4 oz/½ csésze porcukor (szuperfinom).

75 g/3 uncia/¾ csésze őrölt mandula

25 g/1 uncia/2 evőkanál vaj vagy margarin, lágyítva

50 g/2 uncia/1/3 csésze porcukor (cukrászcukor), szitálva

10 ml/2 teáskanál kakaópor (cukrozatlan csokoládé).

50 g/2 oz/½ csésze sima (félédes) csokoládé, olvasztott

A tojásfehérjéket kemény habbá verjük. A porcukrot apránként habosra keverjük. Hajtsa bele a darált mandulát. Egy 1 cm/½-es csőfúvóka (hegy) segítségével 5 cm/2-es hosszúságúra csepegtesse a keveréket egy enyhén olajozott sütőlapra. Előmelegített sütőben 140°C/275°F/gáz jelzés 1 1-1,5 órán át sütjük. Hagyjuk kihűlni.

A vajat vagy a margarint, a porcukrot és a kakaót habosra keverjük. Szendvicspár keksz (süti) a töltelékkel együtt. Olvasszuk fel a csokoládét egy hőálló tálban, enyhén forrásban lévő víz fölött. A habcsók végeit mártsuk a csokoládéba, és rácson hagyjuk kihűlni.

Spanyol mandula és citromos habcsók

30-at tesz ki

150 g/5 uncia/1¼ csésze blansírozott mandula

2 tojásfehérje

½ citrom reszelt héja

200 g/7 uncia/kevés 1 csésze porcukor (szuperfinom).

10 ml/2 teáskanál citromlé

A mandulát előmelegített sütőben 150°C/300°F/gáz 2-es fokozaton kb. 30 perc alatt aranybarnára és aromásra pirítom. A dió egyharmadát durvára vágjuk, a többit pedig finomra daráljuk. A tojásfehérjét kemény habbá verjük. Belekeverjük a citrom héját és a cukor kétharmadát. Adjuk hozzá a citromlevet, és keverjük kemény és fényesre. Belekeverjük a maradék cukrot és az őrölt mandulát. Belekeverjük az apróra vágott mandulát. Kivajazott és fóliával bélelt tepsire kanalazzuk a habcsókot, és az előmelegített sütőbe tesszük. Azonnal csökkentse a sütő hőmérsékletét 110°C/225°F/gázjel ¼-re, és kb. 1½ órán át süsse, amíg meg nem szárad.

Csokoládéval bevont Habcsók

4-et tesz ki

2 tojásfehérje

100 g/4 oz/½ csésze porcukor (szuperfinom).

100 g/4 oz/1 csésze sima (félédes) csokoládé

150 ml/¼ pt/2/3 csésze dupla (nehéz) tejszín, felvert

A tojásfehérjét egy tiszta, zsírmentes tálban verjük fel addig, amíg lágy csúcsokat nem kezdenek képezni. Adjuk hozzá a cukor felét, és folytassuk a habverést, amíg kemény csúcsok nem lesznek. Fémkanállal enyhén beleforgatjuk a maradék cukrot. Béleljünk ki egy tepsit sütőpapírral, és helyezzünk rá nyolc habcsókot. Szárítsa a habcsókat a sütőben a lehető legalacsonyabb fokozaton 2-3 órán keresztül. Hűtsük le rácson.

Olvasszuk fel a csokoládét egy hőálló edényben, amelyet enyhén forrásban lévő víz fölé állítottak. Hagyjuk kicsit hűlni. A habcsók közül négyet óvatosan mártsunk bele a csokoládéba, hogy a külsejük bevonatos legyen. Hagyja állni zsírálló (viaszos) papíron, amíg meg nem áll. Egy csokoládéval bevont habcsókot és egy sima habcsót szendvicsezzen a tejszínnel, majd ismételje meg a többi habcsókkal.

Csokoládé mentás habcsók

18-at tesz ki

3 tojás fehérje

100 g/4 oz/½ csésze porcukor (szuperfinom).

75 g/3 oz/¾ csésze apróra vágott csokoládéval bevont menta

A tojásfehérjét kemény habbá verjük. A cukrot fokozatosan habosra keverjük, amíg a tojásfehérje kemény és fényes nem lesz. Belekeverjük az apróra vágott mentát. Csepegtess kis kanálokat a keverékből egy kivajazott és kibélelt tepsire, és előmelegített sütőben 140°C/275°F/gáz 1. fokozaton süsd fél órán keresztül, amíg megszárad.

Csokoládé chips és diós habcsók

12-t tesz ki

2 tojásfehérje

175 g/6 uncia/¾ csésze porcukor (szuperfinom).

50 g/2 uncia/½ csésze csokoládéforgács

25 g/1 uncia/¼ csésze dió, apróra vágva

Melegítsd elő a sütőt 190°C/375°F/ gázjelzés 5. Verd fel a tojásfehérjét, amíg lágy csúcsok nem lesznek. Fokozatosan adjuk hozzá a cukrot, és addig verjük, amíg kemény csúcsokat nem kapunk. Belekeverjük a csokireszeléket és a diót. Csepegtessünk kanálnyi keveréket a kivajazott tepsire, és tegyük a sütőbe. Kapcsolja ki a sütőt, és hagyja kihűlni.

Mogyorós habcsók

12-t tesz ki

100 g/4 uncia/1 csésze mogyoró

2 tojásfehérje

100 g/4 oz/½ csésze porcukor (szuperfinom).

Néhány csepp vanília esszencia (kivonat)

Tartson 12 diót a díszítéshez, a maradékot törje össze. A tojásfehérjét kemény habbá verjük. Adjuk hozzá a cukor felét, és folytassuk a habverést, amíg kemény csúcsokat nem kapunk. Belekeverjük a maradék cukrot, a darált mogyorót és a vaníliaesszenciát. A masszát 12 körbe kanalazzuk egy kivajazott és kibélelt tepsibe, és mindegyik tetejére tegyünk egy diót. Előmelegített sütőben 130°C/250°F/gázjelzés ½ 2-3 órán keresztül ropogósra sütjük.

Habcsók réteges torta dióval

Egy 23 cm/9-es tortát készít

A tortához:

50 g/2 oz/¼ csésze vaj vagy margarin, lágyítva

150 g/5 oz/2/3 csésze porcukor (szuperfinom).

4 tojás, szétválasztva

100 g/4 uncia/1 csésze sima (univerzális) liszt

10 ml/2 tk sütőpor

Egy csipet só

60 ml/4 evőkanál tej

5 ml/1 tk vanília esszencia (kivonat)

50 g/2 oz/½ csésze pekándió, finomra vágva

A pudinghoz:

250 ml/8 fl oz/1 csésze tej

50 g/2 uncia/¼ csésze porcukor (szuperfinom).

50 g/2 uncia/½ csésze sima (univerzális) liszt

1 tojás

Egy csipet só

120 ml/4 fl oz/½ csésze dupla (nehéz) tejszín

A torta elkészítéséhez a vajat vagy a margarint 100 g cukorral habosra és habosra keverjük. Fokozatosan habosra keverjük a tojássárgáját, majd beleforgatjuk a lisztet, a sütőport és a sót a tejjel és a vanília esszenciával felváltva. Két kivajazott és kibélelt 23 cm/9-es tortaformába (tepsibe) kanalazzuk, a felületet elsimítjuk. A tojásfehérjét kemény habbá verjük, majd beleforgatjuk a maradék cukrot, és ismét kemény habbá verjük. Rákenjük a süteménykeverékre, és megszórjuk a dióval. 150°C-ra előmelegített sütőben 45 percig sütjük, amíg a habcsók meg nem szárad. Tegyük rácsra hűlni.

A puding elkészítéséhez a tejet a cukorral és a liszttel elkeverjük. A maradék tejet egy serpenyőben felforraljuk, ráöntjük a cukorral, és kevergetve keverjük. A tejet visszaöntjük a kiöblített serpenyőbe, és folyamatos keverés mellett felforraljuk, majd kevergetve addig pároljuk, amíg besűrűsödik. A tűzről levéve beleütjük a tojást és a sót, majd hagyjuk kicsit kihűlni. A tejszínt kemény habbá verjük, majd a masszához keverjük. Hagyjuk kihűlni. A pudinggal együtt szendvicsre tesszük a süteményeket.

Mogyorós makaróni szeletek

20-at tesz ki

175 g/6 uncia/1½ csésze mogyoró, hámozott

3 tojás fehérje

225 g/8 oz/1 csésze porcukor (szuperfinom).

5 ml/1 tk vanília esszencia (kivonat)

5 ml/1 teáskanál őrölt fahéj

5 ml/1 teáskanál reszelt citromhéj

Rizspapír

A mogyoróból 12 darabot durvára vágunk, majd a maradékot apróra törjük. A tojásfehérjét verd habosra és világosra. Fokozatosan adjuk hozzá a cukrot, és verjük tovább, amíg kemény csúcsokat nem kapunk. Belekeverjük a mogyorót, a vanília esszenciát, a fahéjat és a citromhéjat. Tegyük a púpozott teáskanálnyi darabokat egy rizspapírral bélelt tepsire, majd lapítsuk vékony csíkokra. 1 órát állni hagyjuk. 180°C-ra előmelegített sütőben 12 percig sütjük, amíg meg nem szilárdul.

Habcsókos és diós réteg

Egy 25 cm/10-es tortát készít

100 g/4 oz/½ csésze vaj vagy margarin, lágyítva

400 g/14 uncia/1¾ csésze porcukor (szuperfinom).

3 tojássárgája

100 g/4 uncia/1 csésze sima (univerzális) liszt

10 ml/2 tk sütőpor

120 ml/4 fl oz/½ csésze tej

100 g/4 oz/1 csésze dió

4 tojás fehérje

250 ml/8 fl oz/1 csésze dupla (nehéz) tejszín

5 ml/1 tk vanília esszencia (kivonat)

Kakaó (cukrozatlan csokoládé) por porozáshoz

Keverje össze a vajat vagy a margarint és a 75 g cukrot, amíg világos és habos nem lesz. Fokozatosan habosra keverjük a tojások sárgáját, majd a tejjel felváltva beleforgatjuk a lisztet és a sütőport. A tésztát két kivajazott és lisztezett 25 cm/10-es tortaformába (tepsibe) kanalazzuk. Néhány diót félreteszünk a díszítésre, a maradékot apróra vágjuk, és a süteményekre szórjuk. A tojásfehérjét verjük kemény habbá, majd adjuk hozzá a maradék cukrot, és verjük újra sűrűre és fényesre. A sütemények tetejére kenjük, és előmelegített sütőben 180°C-on, 4-es gázjelzéssel 25 percig sütjük, a sütés vége felé zsírpapírral letakarva a süteményt, ha a habcsók is barnulni kezd. sokkal. Hagyjuk kihűlni a formákban, majd fordítsuk ki a süteményeket a habcsókkal a tetejükön.

A tejszínt és a vanília esszenciát kemény habbá verjük. A tortákat a krém felével, habcsókkal felfelé, szendvicsbe tesszük, a maradékot a tetejére kenjük. Díszítsük félretett dióval, és szórjuk meg átszitált kakaóval.

Habcsók-hegység

6-ot tesz ki

2 tojás fehérje

100 g/4 oz/½ csésze porcukor (szuperfinom).

150 ml/¼ pt/2/3 csésze dupla (nehéz) tejszín

350 g/12 uncia eper, szeletelve

25 g/1 uncia/¼ csésze sima (félédes) csokoládé, reszelve

A tojásfehérjét kemény habbá verjük. Adjuk hozzá a cukor felét, és verjük sűrűre és fényesre. Belekeverjük a maradék cukrot. Egy tepsire helyezzen hat kört habcsókból a sütőpapírra. 140°C-ra előmelegített sütőben 45 perc alatt süsd halvány aranybarnára és ropogósra. A belseje meglehetősen puha marad. Kivesszük a lapból és rácson kihűtjük.

A tejszínt kemény habbá verjük. Pipázzuk vagy kanalazzuk a krém felét a habcsók körökre, tegyük rá a gyümölcsöket, majd díszítsük a maradék krémmel. A tetejére szórjuk a reszelt csokoládét.

Málnakrémes Habcsók

6-ot szolgál ki

2 tojásfehérje

100 g/4 oz/½ csésze porcukor (szuperfinom).

150 ml/¼ pt/2/3 csésze dupla (nehéz) tejszín

30 ml/2 ek porcukor (cukrászok).

225 g/8 uncia málna

A tojásfehérjét egy tiszta, zsírmentes tálban verjük fel addig, amíg lágy csúcsokat nem kezdenek képezni. Adjuk hozzá a cukor felét, és folytassuk a habverést, amíg kemény csúcsok nem lesznek. Fémkanállal enyhén beleforgatjuk a maradék cukrot. Béleljünk ki egy tepsit sütőpapírral, és csepegtessünk rá apró habcsókokat. Szárítsa a habcsókat a sütőben a lehető legalacsonyabb fokozaton 2 órán keresztül. Hűtsük le rácson.

A tejszínt a porcukorral kemény habbá verjük, majd beleforgatjuk a málnát. Használja a habcsók párok összeillesztéséhez, és halmozzuk fel egy tálra.

Ratafia torták

16-os lesz

3 tojás fehérje

100 g/4 oz/1 csésze őrölt mandula

225 g/8 oz/1 csésze porcukor (szuperfinom).

A tojásfehérjét kemény habbá verjük. Belekeverjük a mandulát és a cukor felét, és ismét kemény habbá verjük. Belekeverjük a maradék cukrot. Zsírozott és kibélelt tepsire kis köröket teszünk, és 150°C-ra előmelegített sütőben 50 perc alatt megsütjük, amíg a széle megszárad és ropogós lesz.

Caramel Vacherin

Egy 23 cm/9-es tortát készít

4 tojás fehérje

225 g/8 uncia/1 csésze puha barna cukor

50 g/2 oz/½ csésze mogyoró, apróra vágva

300 ml/½ pt/1¼ csésze dupla (nehéz) tejszín

Néhány egész mogyoró a díszítéshez

A tojásfehérjét addig verjük, amíg lágy csúcsot nem kap. Fokozatosan keverjük hozzá a cukrot, amíg kemény és fényes nem lesz. Kanalazzuk a habcsókot egy sima 1 cm/½-es fúvókával (véggel) ellátott csőzsákba, és csepegtessünk két darab 23 cm/9-es habcsókot egy kivajazott és kibélelt tepsire. Megszórjuk 15 ml/1 evőkanálnyi apróra vágott dióval, és előmelegített sütőben 120°C/250°F/gázjelzés ½-on 2 órán keresztül ropogósra sütjük. Tegyük rácsra hűlni.

A tejszínt kemény habbá verjük, majd beleforgatjuk a maradék diót. A krém nagy részével a habcsók köröket szendvicsre helyezzük, majd a maradék krémmel díszítjük, a tetejére pedig az egész mogyorót szórjuk.

Egyszerű pogácsa

10-et tesz ki

225 g/8 uncia/2 csésze sima (univerzális) liszt

Egy csipet só

2,5 ml/½ teáskanál szódabikarbóna (szódabikarbóna)

5 ml/1 tk tejszín tartár

50 g/2 uncia/¼ csésze vaj vagy margarin, felkockázva

30 ml/2 evőkanál tej

30 ml/2 evőkanál víz

Keverjük össze a lisztet, a sót, a szódabikarbónát és a tartártejszínt. Belekeverjük a vajat vagy a margarint. Lassan adjuk hozzá a tejet és a vizet, amíg lágy tésztát nem kapunk. Lisztezett felületen gyorsan simára gyúrjuk, majd 1 cm/½ vastagságúra kinyújtjuk, és kekszszaggatóval körben 5 cm/2-re vágjuk. Helyezze a pogácsákat (kekszeket) kivajazott tepsire, és előmelegített sütőben, 230°C/450°F/8-as gázjellel süsse kb. 10 percig, amíg jól megkel és aranybarna nem lesz.

Gazdag tojásos pogácsa

12-t tesz ki

50 g/2 uncia/¼ csésze vaj vagy margarin

225 g/8 oz/2 csésze önnövekvő (magán kelő) liszt

10 ml/2 tk sütőpor

25 g/1 uncia/2 evőkanál porcukor (szuperfinom).

1 tojás, enyhén felverve

100 ml/3½ fl oz/6½ evőkanál tej

A vajat vagy a margarint elmorzsoljuk a liszttel és a sütőporral. Keverjük hozzá a cukrot. A tojást és a tejet addig keverjük, amíg lágy tésztát nem kapunk. Lisztezett felületen enyhén átgyúrjuk, majd kinyújtjuk kb. 1 cm/½ vastagságúra, és kekszszaggatóval körben 5 cm/2-es darabokra vágjuk. Tekerje újra a szegélyeket, és vágja ki. Helyezze a pogácsákat (kekszeket) kivajazott tepsire, és előmelegített sütőben, 230°C/450°F/8-as gázjelzéssel süsse 10 percig, vagy amíg aranybarna nem lesz.

Almás pogácsa

12-t tesz ki

225 g/8 uncia/2 csésze teljes kiőrlésű (teljes kiőrlésű) liszt

20 ml/1½ evőkanál sütőpor

Egy csipet só

50 g/2 uncia/¼ csésze vaj vagy margarin

30 ml/2 evőkanál reszelt főzőalma

1 tojás, felvert

150 ml/¼ pt/2/3 csésze tej

Keverjük össze a lisztet, a sütőport és a sót. Dörzsöljük bele a vajat vagy a margarint, majd keverjük hozzá az almát. Fokozatosan keverjük hozzá annyi tojást és tejet, hogy lágy tésztát kapjunk. Enyhén lisztezett felületen nyújtsuk ki kb. 5 cm/2 vastagságúra, és vágjuk kör alakúra egy kekszszaggatóval. Helyezze a pogácsákat (kekszet) egy kivajazott tepsire, és kenje meg a maradék tojással. Előmelegített sütőben 200°C-on 12 percig sütjük, amíg enyhén megpirul.

Almás és kókuszos pogácsa

12-t tesz ki

50 g/2 uncia/¼ csésze vaj vagy margarin

225 g/8 oz/2 csésze önnövekvő (magán kelő) liszt

25 g/1 uncia/2 evőkanál porcukor (szuperfinom).

30 ml/2 evőkanál szárított (reszelt) kókuszdió

1 étkezési (desszert) alma meghámozva, kimagozva és apróra vágva

150 ml/¼ pt/2/3 csésze natúr joghurt

30 ml/2 evőkanál tej

Dörzsölje bele a vajat vagy a margarint a lisztbe. Keverjük hozzá a cukrot, a kókuszt és az almát, majd keverjük hozzá a joghurtot, hogy lágy tésztát kapjunk, ha szükséges, adjunk hozzá egy kevés tejet. Enyhén lisztezett felületen nyújtsuk ki kb. 2,5 cm/1 vastagságúra, és vágjuk kör alakúra kekszszaggatóval. Helyezze a pogácsákat (kekszeket) kivajazott tepsire, és előmelegített sütőben, 220°C/425°F/7-es gázjellel süsse 10-15 percig, amíg szép megkel és aranybarna nem lesz.

Alma és datolya pogácsa

12-t tesz ki

50 g/2 uncia/¼ csésze vaj vagy margarin

225 g/8 uncia/2 csésze sima (univerzális) liszt

5 ml/1 tk vegyes (almás pite) fűszer

5 ml/1 tk tejszín tartár

2,5 ml/½ teáskanál szódabikarbóna (szódabikarbóna)

25 g/1 uncia/2 evőkanál puha barna cukor

1 kis főző alma, meghámozva, kimagozva és apróra vágva

50 g/2 oz/1/3 csésze magozott (magozott) datolya, apróra vágva

45 ml/3 evőkanál tej

Dörzsölje el a vajat vagy a margarint a liszttel, a kevert fűszerrel, a tartárkrémmel és a szódabikarbónával. Hozzákeverjük a cukrot, az almát és a datolyát, majd hozzáadjuk a tejet és lágy tésztává keverjük. Enyhén átgyúrjuk, majd lisztezett felületen 2,5 cm/1 vastagságúra kinyújtjuk, és kekszszaggatóval kör alakúra vágjuk. Helyezze a pogácsákat (kekszeket) kivajazott tepsire, és előmelegített sütőben, 220°C-on, 12 percig süsse, amíg megkel és aranybarna nem lesz.

Árpapogácsa

12-t tesz ki

175 g/6 uncia/1½ csésze árpaliszt

50 g/2 uncia/½ csésze sima (univerzális) liszt

Egy csipet só

2,5 ml/½ teáskanál szódabikarbóna (szódabikarbóna)

2,5 ml/½ teáskanál tartárkrém

25 g/1 uncia/2 evőkanál vaj vagy margarin

25 g/1 uncia/2 evőkanál puha barna cukor

100 ml/3½ fl oz/6½ evőkanál tej

Tojássárgája a mázhoz

Keverjük össze a liszteket, a sót, a szódabikarbónát és a tartártejszínt. Dörzsöljük bele a vajat vagy a margarint, amíg a keverék zsemlemorzsához nem hasonlít, majd keverjük hozzá a cukrot és annyi tejet, hogy lágy tésztát kapjunk. Enyhén lisztezett felületen 2 cm/¾ vastagságúra kinyújtjuk, és kekszszaggatóval kör alakúra vágjuk. A pogácsákat (kekszet) kivajazott tepsire tesszük és megkenjük tojássárgájával. 220°C-ra előmelegített sütőben 10 perc alatt aranybarnára sütjük.

Datolyás pogácsa

12-t tesz ki

225 g/8 uncia/2 csésze teljes kiőrlésű (teljes kiőrlésű) liszt

2,5 ml/½ teáskanál szódabikarbóna (szódabikarbóna)

2,5 ml/½ teáskanál tartárkrém

2,5 ml/½ teáskanál só

40 g/1½ oz/3 evőkanál vaj vagy margarin

15 ml/1 evőkanál porcukor (szuperfinom).

100 g/4 oz/2/3 csésze magozott (magozott) datolya, apróra vágva

Körülbelül 100 ml/3½ fl oz/6½ evőkanál író

Keverjük össze a lisztet, a szódabikarbónát, a tartárkrémet és a sót. Dörzsölje bele a vajat vagy a margarint, majd keverje hozzá a cukrot és a datolyát, és készítsen mélyedést a közepébe. Fokozatosan keverj hozzá annyi írót, hogy közepesen lágy tésztát kapj. Sűrűn kinyújtjuk és háromszögekre vágjuk. Helyezze a pogácsákat (kekszeket) kivajazott tepsire, és előmelegített sütőben 230°C-on 20 perc alatt aranysárgára sütje.

Herby Scones

8-at tesz ki

175 g/6 uncia/¾ csésze vaj vagy margarin

225 g/8 uncia/2 csésze erős sima (kenyér)liszt

15 ml/1 teáskanál sütőpor

Egy csipet só

5 ml/1 teáskanál puha barna cukor

30 ml/2 evőkanál szárított fűszernövénykeverék

60 ml/4 evőkanál tej vagy víz

Tej fogmosáshoz

Dörzsölje el a vajat vagy a margarint a liszttel, a sütőporral és a sóval, amíg a keverék zsemlemorzsára nem hasonlít. Keverje hozzá a cukrot és a fűszernövényeket. Adjunk hozzá annyi tejet vagy vizet, hogy lágy tésztát kapjunk. Enyhén lisztezett felületen nyújtsuk ki kb. 2 cm/¾ vastagságúra, és vágjuk kör alakúra egy kekszszaggatóval. A pogácsákat (kekszet) kivajazott tepsire tesszük, a tetejüket megkenjük tejjel. 200°C-ra előmelegített sütőben 10 percig sütjük, amíg szép megkel és aranybarna nem lesz.

Bajor rozskenyér

Két 450 g/1 font súlyú cipót készít

A kovászhoz:

150 g/5 uncia/1¼ csésze rozsliszt

5 ml/1 teáskanál szárított élesztő

150 ml/¼ pt/2/3 csésze meleg víz

A cipóhoz:

550 g/1¼ font/5 csésze teljes kiőrlésű (teljes kiőrlésű) liszt

50 g/2 oz/½ csésze rozsliszt

5 ml/1 teáskanál só

25 g/1 uncia friss élesztő vagy 40 ml/ 2½ evőkanál szárított élesztő

350 ml/12 fl uncia/1½ csésze meleg víz

30 ml/2 evőkanál kömény

Kevés lisztet vízzel pépesre keverünk

A kovászhoz keverjük a rozslisztet, az élesztőt és a vizet, amíg tiszta nem lesz. Fedjük le és hagyjuk egy éjszakán át.

A cipó elkészítéséhez keverjük össze a liszteket és a sót. Az élesztőt a meleg vízzel elkeverjük, és a kovászos lisztekhez adjuk. Hozzákeverjük a kömény felét, és tésztává keverjük. Jól összegyúrjuk, amíg rugalmas és már nem ragad. Olajozott tálba tesszük, olajozott ragasztófóliával (műanyag fóliával) letakarjuk, és körülbelül 30 percig meleg helyen kelesztjük, amíg a duplájára nem nő.

Ismét összegyúrjuk, két 450 g-os cipót formázunk, és kivajazott tepsire tesszük. Megkenjük a lisztes és vizes masszával, és megszórjuk a maradék köménnyel. Olajozott fóliával letakarjuk és 30 percig kelesztjük.

230°C-ra előmelegített sütőben 30 percig sütjük, amíg az alapra ütögetve sötét aranybarnára és üregesre nem válik.

Könnyű rozskenyér

Egy 675 g/1½ font súlyú cipót készít

15 g/½ uncia friss élesztő vagy 20 ml/4 teáskanál szárított élesztő

5 ml/1 tk porcukor (szuperfinom).

150 ml/¼ pt/2/3 csésze meleg víz

225 g/8 uncia/2 csésze rozsliszt

400 g 3½ csésze erős sima (kenyér)liszt

10 ml/2 teáskanál só

300 ml/½ pt/1¼ csésze meleg tej

1 tojássárgája, felvert

5 ml/1 tk mák

Az élesztőt a cukorral és a vízzel elkeverjük, és meleg helyen habosra tesszük. Keverjük össze a liszteket és a sót, és készítsünk mélyedést a közepébe. Hozzákeverjük a tejet és az élesztőt, és kemény tésztává keverjük. Enyhén lisztezett felületen simára és rugalmasra gyúrjuk. Olajozott tálba tesszük, olajozott ragasztófóliával (műanyag fóliával) letakarjuk, és meleg helyen körülbelül 1 órán át kelesztjük, amíg a duplájára nem nő.

Gyúrjuk át ismét enyhén, majd formáljuk hosszú cipót, és tegyük kiolajozott tepsire. Olajozott fóliával letakarjuk és 30 percig kelesztjük.

Megkenjük tojássárgájával és megszórjuk mákkal. Előmelegített sütőben 200°C/400°F/6-os gázjelzéssel 20 percig sütjük. Csökkentse a sütő hőmérsékletét 190°C/375°F/5-ös gázjelzésre, és süsse további 15 percig, amíg a kenyér üreges hangot nem kap, ha az aljára ütögetjük.

Rozskenyér búzacsírával

Egy 450 g/1 font súlyú cipót készít

15 g/½ uncia friss élesztő vagy 20 ml/4 teáskanál szárított élesztő

5 ml/1 teáskanál cukor

450 ml/¾ pt/2 csésze meleg víz

350 g/12 uncia/3 csésze rozsliszt

225 g/8 uncia/2 csésze sima (univerzális) liszt

50 g/2 uncia/½ csésze búzacsíra

10 ml/2 teáskanál só

45 ml/3 evőkanál fekete melasz (melasz)

15 ml/1 evőkanál olaj

Az élesztőt felfuttatjuk a cukorral és egy kevés meleg vízzel, majd meleg helyen habosra tesszük. Keverjük össze a liszteket, a búzacsírát és a sót, és készítsünk mélyedést a közepébe. Hozzákeverjük az élesztős keveréket a melaszokkal és az olajjal, és lágy tésztává keverjük. Lisztezett felületre borítjuk, és 10 perc alatt simára és rugalmasra dagasztjuk, vagy robotgépben dolgozzuk fel. Olajozott tálba tesszük, olajozott ragasztófóliával (műanyag fóliával) letakarjuk, és meleg helyen körülbelül 1 órán át kelesztjük, amíg a duplájára nem nő.

Ismét összegyúrjuk, majd cipót formázunk, és kivajazott tepsire tesszük. Fedjük le olajozott fóliával, és hagyjuk kelni, amíg a duplájára nem nő.

220°C-ra előmelegített sütőben 15 percig sütjük. Csökkentse a sütő hőmérsékletét 190°C/375°F/5-ös gázjelzésre, és süsse további 40 percig, amíg a cipó üreges hangot nem hall, amikor az aljára ütögetik.

Sally Lunn

Két 450 g/1 font súlyú cipót készít

500 ml/16 fl oz/2 csésze tej

25 g/1 uncia/2 evőkanál vaj vagy margarin

30 ml/2 evőkanál porcukor (szuperfinom).

10 ml/2 teáskanál só

20 ml/4 teáskanál szárított élesztő

60 ml/4 evőkanál meleg víz

900 g/2 font/8 csésze erős sima (kenyér)liszt

3 tojás, felvert

A tejet felforraljuk, majd hozzáadjuk a vajat vagy a margarint, a cukrot és a sót, és jól elkeverjük. Hagyjuk langyosra hűlni. Az élesztőt meleg vízben feloldjuk. Helyezze a lisztet egy nagy tálba, és keverje hozzá a tejet, az élesztőt és a tojást. Keverjük lágy tésztává, és gyúrjuk addig, amíg rugalmas és már nem ragad. Fedjük le olajozott fóliával (műanyag fóliával), és hagyjuk kelni 30 percig.
Gyúrjuk újra a tésztát, majd takarjuk le és hagyjuk kelni. Harmadszor is átgyúrjuk, majd letakarva hagyjuk kelni.
Formázza meg a tésztát, és tegye két kivajazott, 450 g/1 lb súlyú cipóformába (tepsibe). Fedjük le és hagyjuk kelni, amíg duplájára nő. 190°C-ra előmelegített sütőben 45 percig sütjük, amíg a teteje aranybarnára nem válik, és a cipók üregesnek hangzanak, ha ráütögetünk az aljára.

Samos kenyér

Három 450 g/1 font súlyú cipót készít

15 g/½ uncia friss élesztő vagy 20 ml/4 teáskanál szárított élesztő

15 ml/1 evőkanál malátakivonat

600 ml/1 pt/2½ csésze meleg víz

25 g/1 uncia/2 evőkanál növényi zsír (rövidítő)

900 g/2 font/8 csésze teljes kiőrlésű (teljes kiőrlésű) liszt

30 ml/2 evőkanál tejpor (zsírmentes száraz tej)

10 ml/2 teáskanál só

15 ml/1 evőkanál tiszta méz

50 g/2 oz/½ csésze szezámmag, pörkölt

25 g/1 uncia/¼ csésze napraforgómag, pirítva

Az élesztőt a malátakivonattal és egy kevés meleg vízzel elkeverjük, majd 10 percig meleg helyen kelesztjük, amíg habos nem lesz. Dörzsölje bele a zsírt a lisztbe és a tejporba, majd keverje hozzá a sót, és készítsen mélyedést a közepébe. Öntsük hozzá az élesztős keveréket, a maradék meleg vizet és a mézet, és keverjük tésztává. Jól gyúrjuk simára és rugalmasra. Hozzáadjuk a magokat, és további 5 percig dagasztjuk, amíg jól el nem keveredik. Formázz három 450 g/1 font súlyú cipót, és tedd egy kivajazott tepsire. Fedjük le olajozott fóliával (műanyag fóliával), és hagyjuk 40 percig meleg helyen, amíg a duplájára nő.

Előmelegített sütőben 230°F/450°F/gáz 8-as fokozaton süsd 30 percig, amíg aranybarna nem lesz, és az alapra koppintva üreges hangot nem kap.

Sesame Baps

12-t tesz ki

25 g/1 uncia friss élesztő vagy 40 ml/ 2½ evőkanál szárított élesztő

5 ml/1 tk porcukor (szuperfinom).

150 ml/¼ pt/2/3 csésze meleg tej

450 g/1 font/4 csésze erős sima (kenyér)liszt

5 ml/1 teáskanál só

25 g/1 uncia/2 evőkanál disznózsír (rövidítő)

150 ml/¼ pt/2/3 csésze meleg víz

30 ml/2 evőkanál szezámmag

Az élesztőt a cukorral és egy kevés meleg tejjel felfuttatjuk, és meleg helyen habosra tesszük. Egy tálban összekeverjük a lisztet és a sót, belemorzsoljuk a zsírt, és mélyedést készítünk a közepébe. Öntsük hozzá az élesztős keveréket, a maradék tejet és a vizet, és keverjük lágy tésztává. Lisztezett felületre borítjuk, és 10 perc alatt simára és rugalmasra dagasztjuk, vagy robotgépben dolgozzuk fel. Olajozott tálba tesszük, olajozott ragasztófóliával (műanyag fóliával) letakarjuk, és meleg helyen körülbelül 1 órán át kelesztjük, amíg a duplájára nem nő.

Újra összegyúrjuk és 12 tekercset formázunk, kissé ellapítjuk, és kivajazott tepsibe tesszük. Olajozott fóliával (műanyag fóliával) letakarjuk, és meleg helyen 20 percig kelesztjük.

Megkenjük vízzel, megszórjuk magokkal, és előmelegített sütőben 220°C-on 15 perc alatt aranybarnára sütjük.

Kovászos előétel

Körülbelül 450 g/1 font

450 ml/¾ pt/2 csésze langyos víz

25 g/1 uncia friss élesztő vagy 40 ml/ 2½ evőkanál szárított élesztő

225 g/8 uncia/2 csésze sima (univerzális) liszt

2,5 ml/½ teáskanál só

Etetni:

225 g/8 uncia/2 csésze sima (univerzális) liszt

450 ml/¾ pt/2 csésze langyos víz

Keverjük össze a fő összetevőket egy tálban, fedjük le muszlinnal (sajtruhával) és tegyük meleg helyre 24 órán keresztül. Adjon hozzá 50 g sima lisztet és 120 ml 120 ml langyos vizet, fedje le, és hagyja állni további 24 órán keresztül. Ismételje meg háromszor, mire a keveréknek savanyú illatúnak kell lennie, majd tegye be a hűtőszekrénybe. Cserélje ki a használt előételt langyos víz és liszt egyenlő arányú keverékével.

Szóda kenyér

Egy 20 cm/8-as cipót készít

450 g/1 font/4 csésze sima (univerzális) liszt

10 ml/2 teáskanál szódabikarbóna (szódabikarbóna)

10 ml/2 teáskanál tartárkrém

5 ml/1 teáskanál só

25 g/1 uncia/2 evőkanál disznózsír (rövidítő)

5 ml/1 tk porcukor (szuperfinom).

15 ml/1 evőkanál citromlé

300 ml/½ pt/1¼ csésze tej

Keverjük össze a lisztet, a szódabikarbónát, a tartárkrémet és a sót. Dörzsölje bele a zsírt, amíg a keverék zsemlemorzsához nem hasonlít. Keverjük hozzá a cukrot. A citromlevet a tejhez keverjük, majd a száraz hozzávalókhoz keverjük, amíg lágy tésztát nem kapunk. Enyhén átgyúrjuk, majd 20 cm/8-as kör alakúra formázzuk, és kissé elsimítjuk. Lisztezett tepsire tesszük, és egy kés élével negyedekre vágjuk. Előmelegített sütőben 200°C-on, 6-os gázjelzéssel kb. 30 percig sütjük, amíg a teteje megpirul. Tálalás előtt hagyjuk kihűlni.

Kovászos kenyér

Két 350 g/12 oz-os cipót készít

250 ml/8 fl oz/1 csésze langyos víz

15 ml/1 evőkanál porcukor (szuperfinom).

30 ml/2 evőkanál olvasztott vaj vagy margarin

15 ml/1 evőkanál só

250 ml/8 fl oz/1 csésze kovászos előétel

2,5 ml/½ teáskanál szódabikarbóna (szódabikarbóna)

450 g/1 font/4 csésze sima (univerzális) liszt

Keverjük össze a vizet, a cukrot, a vajat vagy a margarint és a sót. A kovászos előételt szódabikarbónával elkeverjük és a masszához keverjük, majd beledolgozzuk a lisztet, hogy kemény tésztát kapjunk. A tésztát simára és szaténra gyúrjuk, ha szükséges, adjunk hozzá még egy kis lisztet. Olajozott tálba tesszük, olajozott ragasztófóliával (műanyag fóliával) letakarjuk, és meleg helyen körülbelül 1 órán át kelesztjük, amíg a duplájára nem nő.

Ismét gyúrjuk át enyhén, és formáljuk két cipóra. Kiolajozott tepsire tesszük, olajozott fóliával letakarjuk, és kb. 40 percig kelesztjük, amíg a duplájára nem nő.

190°C-ra előmelegített sütőben kb. 40 perc alatt aranybarnára sütjük, és az alapra ütögetve üreges hangzású lesz.

Kovászos zsemle

12-t tesz ki

50 g/2 uncia/¼ csésze vaj vagy margarin

175 g/6 uncia/1½ csésze sima (univerzális) liszt

5 ml/1 teáskanál só

2,5 ml/½ teáskanál szódabikarbóna (szódabikarbóna)

250 ml/8 fl oz/1 csésze kovászos előétel

Kevés olvasztott vaj vagy margarin üvegezéshez

Dörzsölje el a vajat vagy a margarint a liszttel és sóval, amíg a keverék zsemlemorzsa nem lesz. Az előételhez keverjük a szódabikarbónát, majd a liszthez keverjük, hogy kemény tésztát kapjunk. Addig gyúrjuk, amíg sima és már nem ragad. Kis tekercseket formázunk, és jól elrendezzük egy kivajazott tepsiben. Kenjük meg vajjal vagy margarinnal a tetejüket, fedjük le olajozott fóliával (műanyag fóliával), és hagyjuk kelni körülbelül 1 órán keresztül, amíg a duplájára nem nő. 220°C-ra előmelegített sütőben 15 perc alatt aranybarnára sütjük.

Bécsi cipó

Egy 675 g/1½ font súlyú cipót készít

15 g/½ uncia friss élesztő vagy 20 ml/4 teáskanál szárított élesztő

5 ml/1 tk porcukor (szuperfinom).

300 ml/½ pt/1¼ csésze meleg tej

40 g/1½ oz/3 evőkanál vaj vagy margarin

450 g/1 font/4 csésze erős sima (kenyér)liszt

5 ml/1 teáskanál só

1 tojás, jól felverve

Az élesztőt a cukorral és egy kevés meleg tejjel felfuttatjuk, és meleg helyen habosra tesszük. A vajat vagy a margarint felolvasztjuk, majd hozzáadjuk a maradék tejet. Keverjük össze az élesztős keveréket, a vajas keveréket, a lisztet, a sót és a tojást, hogy lágy tésztát kapjunk. Addig gyúrjuk, amíg sima és már nem ragad. Olajozott tálba tesszük, olajozott ragasztófóliával (műanyag fóliával) letakarjuk, és meleg helyen körülbelül 1 órán át kelesztjük, amíg a duplájára nem nő.

Ismét összegyúrjuk a tésztát, majd cipót formázunk, és kivajazott tepsire tesszük. Olajozott fóliával letakarjuk, és meleg helyen 20 percig kelesztjük.

230°C-ra előmelegített sütőben 25 perc alatt süsd aranybarnára és üregesre, ha ráütögetsz az alapra.

Teljes kiőrlésű kenyér

Két 450 g/1 font súlyú cipót készít

15 g/½ uncia friss élesztő vagy 20 ml/4 teáskanál szárított élesztő

5 ml/1 teáskanál cukor

300 ml/½ pt/1¼ csésze meleg víz

550 g/1¼ font/5 csésze teljes kiőrlésű (teljes kiőrlésű) liszt

5 ml/1 teáskanál só

45 ml/3 evőkanál író

Szezám- vagy köménymag szóráshoz (opcionális)

Az élesztőt a cukorral és egy kevés meleg vízzel elkeverjük, és meleg helyen 20 percig kelesztjük, amíg habos nem lesz. A lisztet és a sót egy tálba tesszük, a közepébe mélyedést készítünk. Hozzákeverjük az élesztőt, a maradék vizet és az írót. Dolgozzuk kemény tésztává, amely tisztán hagyja el az edény oldalát, szükség esetén adjunk hozzá egy kevés lisztet vagy vizet. Enyhén lisztezett felületen vagy robotgépben addig gyúrjuk, amíg rugalmas és már nem ragad. Formázzunk a tésztából két kivajazott, 450 g/1 lb súlyú cipóformát (tepsit), fedjük le olajozott fóliával (műanyag fóliával), és hagyjuk kelni körülbelül 45 percig, amíg a tészta éppen a formák teteje fölé emelkedik.

Megszórjuk szezámmaggal vagy köménymaggal, ha használunk. 230°C-ra előmelegített sütőben 15 percig sütjük, majd csökkentjük a sütő hőmérsékletét 190°C/375°F/5-ös gázjelzésre, és további 25 percig sütjük, amíg aranybarna és üreges nem lesz. -hangzik, ha az alapra koppint.

Teljes kiőrlésű mézes kenyér

Egy 900 g-os cipót készít

15 g/½ uncia friss élesztő vagy 20 ml/4 teáskanál szárított élesztő

450 ml/¾ pt/2 csésze meleg víz

45 ml/3 evőkanál beállított méz

50 g/2 uncia/¼ csésze vaj vagy margarin

750 g/1½ font/6 csésze teljes kiőrlésű (teljes kiőrlésű) liszt

2,5 ml/½ teáskanál só

15 ml/1 evőkanál szezámmag

Az élesztőt egy kevés vízzel és egy kevés mézzel elkeverjük, és 20 percig meleg helyen kelesztjük, amíg habos nem lesz. A vajat vagy a margarint eldörzsöljük a liszttel és a sóval, majd belekeverjük az élesztős keveréket és a maradék vizet és mézet, amíg lágy tésztát nem kapunk. Addig gyúrjuk, amíg rugalmas és már nem ragad. Olajozott tálba tesszük, olajozott ragasztófóliával (műanyag fóliával) letakarjuk, és meleg helyen körülbelül 1 órán át kelesztjük, amíg a duplájára nem nő.

Gyúrjuk át újra, és formázzuk kiolajozott, 900 g-os cipóformát (serpenyőt). Fedjük le olajozott fóliával, és hagyjuk kelni 20 percig, amíg a tészta a forma teteje fölé kerül.

220°C-ra előmelegített sütőben 15 percig sütjük. Csökkentse a sütő hőmérsékletét 190°C/375°F/5-ös gázjelzésre, és süsse további 20 percig, amíg a cipó aranybarna nem lesz, és az aljára ütögetve üreges lesz.

Gyors teljes kiőrlésű tekercs

12-t tesz ki

20 ml/4 teáskanál szárított élesztő

375 ml/13 fl uncia/1½ csésze meleg víz

50 g/2 uncia/¼ csésze puha barna cukor

100 g/4 oz/1 csésze teljes kiőrlésű (teljes kiőrlésű) liszt

100 g/4 uncia/1 csésze sima (univerzális) liszt

5 ml/1 teáskanál só

Az élesztőt felfuttatjuk a vízzel és kevés cukorral, és meleg helyen habosra tesszük. A lisztekhez keverjük és sózzuk a maradék cukorral, és lágy tésztává keverjük. A masszát kanalazzuk muffinformákba (serpenyőkbe), és hagyjuk kelni 20 percig, amíg a tészta a formák tetejére nem kel.

180°C-ra előmelegített sütőben 30 percig sütjük, amíg szép megkel és aranybarna nem lesz.

Teljes kiőrlésű kenyér dióval

Egy 900 g-os cipót készít

15 g/½ uncia friss élesztő vagy 20 ml/4 teáskanál szárított élesztő

5 ml/1 teáskanál puha barna cukor

450 ml/¾ pt/2 csésze meleg víz

450 g/1 font/4 csésze teljes kiőrlésű (teljes kiőrlésű) liszt

175 g/6 uncia/1½ csésze erős sima (kenyér)liszt

5 ml/1 teáskanál só

15 ml/1 evőkanál dióolaj

100 g/4 oz/1 csésze dió, durvára vágva

Az élesztőt a cukorral és egy kevés meleg vízzel elkeverjük, és meleg helyen 20 percig kelesztjük, amíg habos nem lesz. Egy tálban összekeverjük a liszteket és a sót, hozzáadjuk az élesztős keveréket, az olajat és a maradék meleg vizet, és kemény tésztává keverjük. Addig gyúrjuk, amíg sima és már nem ragad. Olajozott tálba tesszük, olajozott ragasztófóliával (műanyag fóliával) letakarjuk, és meleg helyen körülbelül 1 órán át kelesztjük, amíg a duplájára nem nő.

Gyúrjuk újra enyhén és dolgozzuk bele a diót, majd formázzuk kiolajozott 900 g-os cipóformába (serpenyőbe), fedjük le olajozott fóliával, és hagyjuk 30 percig meleg helyen, amíg a tészta a forma teteje fölé emelkedik.

220°C-ra előmelegített sütőben 30 perc alatt aranybarnára sütjük, és az alapra ütögetve üreges hangzású lesz.

Mandulafonás

Egy 450 g/1 font súlyú cipót készít

15 g/½ uncia friss élesztő vagy 20 ml/4 teáskanál szárított élesztő

40 g/1½ oz/3 evőkanál porcukor (szuperfinom).

100 ml/3½ fl oz/6½ evőkanál meleg tej

350 g/12 uncia/3 csésze erős sima (kenyér)liszt

2,5 ml/½ teáskanál só

50 g/2 oz/¼ csésze vaj vagy margarin, olvasztott

1 tojás

A töltelékhez és a mázhoz:

50 g/2 uncia mandula paszta

45 ml/3 evőkanál baracklekvár (konzerv)

50 g mazsola 1/3 csésze

50 g/2 oz/½ csésze apróra vágott mandula

1 tojássárgája

Az élesztőt 5 ml/1 teáskanál cukorral és kevés tejjel felfuttatjuk, és meleg helyen 20 percig habosra kelesztjük. Egy tálban összekeverjük a lisztet és a sót, és mélyedést készítünk a közepébe. Hozzákeverjük az élesztős keveréket, a maradék cukrot és a tejet, az olvasztott vajat vagy margarint és a tojást, és sima tésztává keverjük. Addig gyúrjuk, amíg rugalmas és már nem ragad. Olajozott tálba tesszük, olajozott ragasztófóliával (műanyag fóliával) letakarjuk, és meleg helyen körülbelül 1 órán át kelesztjük, amíg a duplájára nem nő.

A tésztát enyhén lisztezett felületen 30 x 40 cm/12 x 16 téglalap alakúra nyújtjuk. A töltelék hozzávalóit a tojássárgája kivételével összekeverjük, és simára dolgozzuk, majd a tészta közepén elosztjuk a tészta egyharmadát. Vágja be a tészta külső kétharmadát a széleitől a töltelék felé ferdén körülbelül 2 cm/¾-

enként. Hajtsa fel váltakozó bal és jobb csíkokat a töltelékre, és szorosan zárja össze a végeit. Kivajazott tepsire tesszük, letakarjuk és 30 percig meleg helyen kelesztjük, amíg a duplájára nem nő. Megkenjük tojássárgájával, és előmelegített sütőben 190°C-on 30 perc alatt aranybarnára sütjük.

Briósok

12-t tesz ki

15 g/½ uncia friss élesztő vagy 20 ml/4 teáskanál szárított élesztő

30 ml/2 evőkanál meleg víz

2 tojás, enyhén felverve

225 g/8 uncia/2 csésze erős sima (kenyér)liszt

15 ml/1 evőkanál porcukor (szuperfinom).

2,5 ml/½ teáskanál só

50 g/2 oz/¼ csésze vaj vagy margarin, olvasztott

Az élesztőt, a vizet és a tojást elkeverjük, majd a liszttel, a cukorral, a sóval és a vajjal vagy margarinnal elkeverjük, és lágy tésztává keverjük. Addig gyúrjuk, amíg rugalmas és már nem ragad. Olajozott tálba tesszük, letakarjuk és meleg helyen kb 1 órát kelesztjük, amíg a duplájára nem nő.

Újra összegyúrjuk, 12 darabra osztjuk, majd mindegyik darabról egy kis golyót törünk. A nagyobb darabokból golyókat formázunk, és 7,5 cm/ 3 -ben barázdált briós- vagy muffinformákba (serpenyőkbe) tesszük. Egy ujjal nyomd át a tésztát, majd nyomd a tetejére a maradék tésztagolyókat. Fedjük le és hagyjuk meleg helyen körülbelül 30 percig, amíg a tészta a formák teteje fölé ér. 230°C-ra előmelegített sütőben 10 perc alatt aranybarnára sütjük.

Fonott briós

Egy 675 g/1½ font súlyú cipót készít

25 g/1 uncia friss élesztő vagy 40 ml/ 2½ evőkanál szárított élesztő

5 ml/1 tk porcukor (szuperfinom).

250 ml/8 fl oz/1 csésze meleg tej

675 g/1½ font/6 csésze erős sima (kenyér)liszt

5 ml/1 teáskanál só

1 tojás, felvert

150 ml/¼ pt/2/3 csésze meleg víz

1 tojássárgája

Az élesztőt a cukorral felfuttatjuk egy kevés meleg tejjel, és meleg helyen 20 percig kelesztjük, amíg habos nem lesz. Keverjük össze a lisztet és a sót, és készítsünk mélyedést a közepébe. Adjuk hozzá a tojást, az élesztős keveréket, a maradék meleg tejet és annyi meleg vizet, hogy lágy tésztává keverjük. Addig gyúrjuk, amíg puha és már nem ragad. Olajozott tálba tesszük, olajozott ragasztófóliával (műanyag fóliával) letakarjuk, és meleg helyen körülbelül 1 órán át kelesztjük, amíg a duplájára nem nő.

A tésztát enyhén átgyúrjuk, majd negyedekre osztjuk. Három darabot sodorjunk vékony, körülbelül 38 cm-es csíkokra. Nedvesítse meg minden csík egyik végét és nyomja össze őket, majd fonja össze a csíkokat, nedvesítse meg és rögzítse a végeit. Kivajazott tepsire tesszük. A maradék tésztadarabot háromfelé osztjuk, 38 cm/15-ös csíkokra nyújtjuk, és ugyanígy fonjuk össze, hogy vékonyabb fonat legyen. Verjük fel a tojássárgáját 15 ml/1 evőkanál vízzel, és kenjük át a nagy fonatot. Óvatosan nyomkodd rá a kisebb fonatot, és kend meg tojásmázzal. Letakarjuk és meleg helyen kelesztjük 40 percig.

200°C-ra előmelegített sütőben 45 perc alatt aranybarnára sütjük, és az alapra ütögetve üreges hangzású lesz.

Almás briósok

12-t tesz ki

A tésztához:

15 g/½ uncia friss élesztő vagy 10 ml/2 teáskanál szárított élesztő

75 ml/5 evőkanál meleg tej

100 g/4 oz/1 csésze teljes kiőrlésű (teljes kiőrlésű) liszt

350 g/12 uncia/3 csésze erős sima (kenyér)liszt

30 ml/2 evőkanál tiszta méz

4 tojás

Egy csipet só

200 g/7 oz/kevés 1 csésze vaj vagy margarin, olvasztott

A töltelékhez:

75 g/3 uncia almapüré (szósz)

25 g/1 uncia/¼ csésze teljes kiőrlésű (teljes kiőrlésű) zsemlemorzsa

25 g/3 uncia/½ csésze szultána (arany mazsola)

2,5 ml/½ teáskanál őrölt fahéj

1 tojás, felvert

A tésztához keverjük össze az élesztőt a meleg tejjel és a teljes kiőrlésű liszttel, és hagyjuk meleg helyen 20 percig kelni. Hozzáadjuk a lisztet, a mézet, a tojást és a sót, és jól összegyúrjuk. Ráöntjük az olvasztott vajat vagy margarint, és tovább dagasztjuk, amíg a tészta rugalmas és sima nem lesz. Olajozott tálba tesszük, olajozott ragasztófóliával (műanyag fóliával) letakarjuk, és meleg helyen körülbelül 1 órán át kelesztjük, amíg a duplájára nem nő.

A tojás kivételével a töltelék hozzávalóit összekeverjük. A tésztát 12 részre formázzuk, majd mindegyik darabból levesszük a harmadát. A nagyobb darabokat úgy formázzuk, hogy beleférjenek a kivajazott, barázdált briós- vagy muffinformákba (serpenyőkbe).

Ujj- vagy villanyéllel egy nagy lyukat szinte az aljáig nyomunk, és megtöltjük a töltelékkel. A kisebb tésztadarabok mindegyikéből golyót formázunk, nedvesítsük meg a tészta tetejét, és nyomjuk rá a töltelékre, hogy a briósba zárjuk. Letakarjuk és meleg helyen 40 percig kelesztjük, amíg majdnem a duplájára nő.

Lekenjük felvert tojással, és előmelegített sütőben 220°C-on 15 perc alatt aranybarnára sütjük.

Tofu és diós briós

12-t tesz ki

A tésztához:

15 g/½ uncia friss élesztő vagy 20 ml/4 teáskanál szárított élesztő

75 ml/5 evőkanál meleg tej

100 g/4 oz/1 csésze teljes kiőrlésű (teljes kiőrlésű) liszt

350 g/12 uncia/3 csésze erős sima (kenyér)liszt

30 ml/2 tk tiszta méz

4 tojás

Egy csipet só

200 g/7 oz/kevés 1 csésze vaj vagy margarin, olvasztott

A töltelékhez:

50 g/2 uncia/¼ csésze tofu, kockára vágva

25 g/1 uncia/¼ csésze kesudió, pirítva és apróra vágva

25 g/1 uncia apróra vágott vegyes zöldség

½ hagyma, apróra vágva

1 gerezd fokhagyma apróra vágva

2,5 ml/½ teáskanál szárított fűszernövénykeverék

2,5 ml/½ teáskanál francia mustár

1 tojás, felvert

A tésztához keverjük össze az élesztőt a meleg tejjel és a teljes kiőrlésű liszttel, és hagyjuk meleg helyen 20 percig kelni. Hozzáadjuk a lisztet, a mézet, a tojást és a sót, és jól összegyúrjuk. Ráöntjük az olvasztott vajat vagy margarint, és tovább dagasztjuk, amíg a tészta rugalmas és sima nem lesz. Olajozott tálba tesszük, olajozott ragasztófóliával (műanyag fóliával) letakarjuk, és meleg helyen körülbelül 1 órán át kelesztjük, amíg a duplájára nem nő.

A tojás kivételével a töltelék hozzávalóit összekeverjük. A tésztát 12 részre formázzuk, majd mindegyik darabból levesszük a harmadát. A nagyobb darabokat úgy formázzuk, hogy beleférjenek a kivajazott, barázdált briós- vagy muffinformákba (serpenyőkbe). Ujj- vagy villanyéllel egy nagy lyukat szinte az aljáig nyomunk, és megtöltjük a töltelékkel. A kisebb tésztadarabok mindegyikéből golyót formázunk, nedvesítsük meg a tészta tetejét, és nyomjuk rá a tölteléket, hogy a briósba zárjuk. Letakarjuk és meleg helyen 40 percig kelesztjük, amíg majdnem a duplájára nő.

Lekenjük felvert tojással, és előmelegített sütőben 220°C-on 15 perc alatt aranybarnára sütjük.

Chelsea zsemle

9-et tesz ki

225 g/8 uncia/2 csésze erős sima (kenyér)liszt

5 ml/1 tk porcukor (szuperfinom).

15 g/½ uncia friss élesztő vagy 20 ml/4 teáskanál szárított élesztő

120 ml/4 fl uncia/½ csésze meleg tej

Egy csipet só

15 g/½ oz/1 evőkanál vaj vagy margarin

1 tojás, felvert

A töltelékhez:

75 g/3 uncia/½ csésze vegyes aszalt gyümölcs (gyümölcstorta keverék)

25 g/1 uncia/3 evőkanál apróra vágott vegyes (kandírozott) héj

50 g/2 uncia/¼ csésze puha barna cukor

Kevés átlátszó méz üvegezéshez

Keverjen össze 50 g lisztet, a porcukrot, az élesztőt és egy kevés tejet, és hagyja meleg helyen 20 percig, amíg habos nem lesz. A maradék lisztet és a sót összekeverjük, majd belemorzsoljuk a vajat vagy a margarint. Hozzákeverjük a tojást, az élesztős keveréket és a maradék meleg tejet, és tésztává keverjük. Addig gyúrjuk, amíg rugalmas és már nem ragad. Olajozott tálba tesszük, olajozott ragasztófóliával (műanyag fóliával) letakarjuk, és meleg helyen körülbelül 1 órán át kelesztjük, amíg a duplájára nem nő.

Ismét gyúrjuk át, és nyújtsuk ki 33 x 23 cm/13 x 9 téglalap alakúra. A méz kivételével a töltelék hozzávalóit összekeverjük és a tésztára kenjük. Az egyik hosszú oldaláról feltekerjük, és a szélét kevés vízzel lezárjuk. Vágjuk fel a tekercset kilenc egyforma nagyságú darabra, és tegyük egy enyhén kivajazott sütőformába (serpenyőbe). Letakarjuk és meleg helyen 30 percig kelesztjük, amíg a duplájára nő.

190°C-ra előmelegített sütőben 25 perc alatt aranybarnára sütjük. A sütőből kivéve megkenjük mézzel, majd hagyjuk kihűlni.

Zsemle kávé

16-os lesz

225 g/8 uncia/1 csésze vaj vagy margarin

450 g/1 font/4 csésze teljes kiőrlésű (teljes kiőrlésű) liszt

20 ml/4 tk sütőpor

5 ml/1 teáskanál só

225 g/8 uncia/1 csésze puha barna cukor

2 tojás, enyhén felverve

100 g/4 uncia/2/3 csésze ribizli

5 ml/1 teáskanál instant kávépor

15 ml/1 evőkanál forró víz

75 ml/5 evőkanál tiszta méz

Dörzsölje el a vajat vagy a margarint a liszttel, a sütőporral és a sóval, amíg a keverék zsemlemorzsára nem hasonlít. Keverjük hozzá a cukrot. A tojásokat beleütjük, hogy lágy, de nem ragadós tésztát kapjunk, majd belekeverjük a ribizlit. A kávéport feloldjuk a forró vízben, és hozzáadjuk a tésztához. Formázzunk 16 lapított golyót, és tegyük jól egymástól egy kivajazott tepsire. Nyomjon egy ujját minden zsemle közepére, és adjon hozzá egy teáskanál mézet. 220°C-ra előmelegített sütőben 10 percig sütjük, amíg világos és aranybarna nem lesz.

Crème Fraîche kenyér

Két 450 g/1 font súlyú cipót készít

25 g/1 uncia friss élesztő vagy 40 ml/ 2½ evőkanál szárított élesztő

75 g/3 uncia/1/3 csésze puha barna cukor

60 ml/4 evőkanál meleg víz

60 ml/4 evőkanál crème fraîche, szobahőmérsékleten

350 g/12 uncia/3 csésze sima (univerzális) liszt

5 ml/1 teáskanál só

Egy csipet reszelt szerecsendió

3 tojás

50 g/2 uncia/¼ csésze vaj vagy margarin

Kevés tej és cukor az üvegezéshez

Az élesztőt 5 ml/1 teáskanál cukorral és meleg vízzel elkeverjük, és meleg helyen 20 percig habosra kelesztjük. A crème fraîche-t az élesztőbe keverjük. Tegye a lisztet, a sót és a szerecsendiót egy tálba, és készítsen mélyedést a közepébe. Hozzákeverjük az élesztős keveréket, a tojást és a vajat, és lágy tésztává dolgozzuk. Simára és rugalmasra gyúrjuk. Olajozott tálba tesszük, olajozott ragasztófóliával (műanyag fóliával) letakarjuk, és meleg helyen körülbelül 1 órán át kelesztjük, amíg a duplájára nem nő.

Gyúrjuk újra a tésztát, majd formáljunk belőle két 450 g/1 lb súlyú cipóformát (serpenyőt). Letakarjuk és meleg helyen 35 percig kelesztjük, amíg a duplájára nő.

A cipók tetejét megkenjük kevés tejjel, majd megszórjuk cukorral. Előmelegített sütőben 180°C/350°F/gázjelzés 4 30 percig sütjük. Hagyja hűlni a formában 10 percig, majd fordítsa rácsra, hogy befejezze a hűtést.

Croissant

12-t tesz ki

25 g/1 uncia/2 evőkanál disznózsír (rövidítő)

450 g/1 font/4 csésze erős sima (kenyér)liszt

2,5 ml/½ teáskanál porcukor (szuperfinom).

10 ml/2 teáskanál só

25 g/1 uncia friss élesztő vagy 40 ml/ 2½ evőkanál szárított élesztő

250 ml/8 fl oz/1 csésze meleg víz

2 tojás, enyhén felverve

100 g/4 oz/½ csésze vaj vagy margarin, kockára vágva

Dörzsölje bele a disznózsírt a lisztbe, a cukorba és a sóba, amíg a keverék zsemlemorzsához nem hasonlít, majd mélyedést készítsen a közepébe. Az élesztőt a vízzel elkeverjük, majd az egyik tojással a liszthez adjuk. A keveréket addig dolgozzuk, amíg egy lágy tésztát nem kapunk, amely tisztán hagyja el az edény oldalát. Enyhén lisztezett felületre borítjuk, és simára gyúrjuk, és már nem ragad. Nyújtsuk ki a tésztát 20 x 50 cm-es/8 x 20 csíkokra. A tészta felső kétharmadát megkenjük a vaj vagy margarin egyharmadával úgy, hogy a szélén vékony rést hagyjunk. A tészta ki nem vajazott részét hajtsd fel a következő egyharmadra, majd hajtsd rá a felső egyharmadát. Nyomja össze a széleket, hogy lezárja, és negyed fordulatot adjon a tésztának, hogy a behajtott széle a bal oldalon legyen. Ismételje meg a folyamatot a vaj vagy margarin következő egyharmadával, hajtsa össze és ismételje meg még egyszer, hogy az összes zsírt felhasználta. Az összehajtott tésztát olajozott polietilén zacskóba tesszük, és 30 percig hűtjük.

A tésztát még háromszor feltekerjük, összehajtjuk és újra megforgatjuk anélkül, hogy zsiradékot adnánk hozzá. Tegye vissza a zacskóba, és hűtse le 30 percig.

Nyújtsuk ki a tésztát 40 x 38 cm/16 x 15 téglalap alakúra, vágjuk le a széleit, és vágjuk 12 x 15 cm/6-os háromszög alakúra. A háromszögeket megkenjük egy kevés felvert tojással, és felteker jük az alaptól, majd félhold alakúra görbítjük, és egymástól jól elhelyezve, kivajazott tepsire helyezzük. A tetejét megkenjük tojással, letakarjuk és meleg helyen kb. 30 percig kelesztjük.

A tetejüket ismét megkenjük tojással, majd előmelegített sütőben 230°C-on 15-20 perc alatt aranybarnára és puffadásra sütjük.

Teljes kiőrlésű Sultana croissant

12-t tesz ki

25 g/1 uncia/2 evőkanál disznózsír (rövidítő)

225 g/8 uncia/2 csésze erős sima (kenyér)liszt

225 g/8 uncia/2 csésze teljes kiőrlésű (teljes kiőrlésű) liszt

10 ml/2 teáskanál só

25 g/1 uncia friss élesztő vagy 40 ml/ 2½ evőkanál szárított élesztő

300 ml/½ pt/1¼ csésze meleg víz

2 tojás, enyhén felverve

100 g/4 oz/½ csésze vaj vagy margarin, kockára vágva

45 ml/3 evőkanál szultán (arany mazsola)

2,5 ml/½ teáskanál porcukor (szuperfinom).

Dörzsölje bele a disznózsírt a lisztbe és a sóba, amíg a keverék zsemlemorzsához nem hasonlít, majd készítsen mélyedést a közepébe. Az élesztőt a vízzel elkeverjük, majd az egyik tojással a liszthez adjuk. A keveréket addig dolgozzuk, amíg egy lágy tésztát nem kapunk, amely tisztán hagyja el az edény oldalát. Enyhén lisztezett felületre borítjuk, és simára gyúrjuk, és már nem ragad. Nyújtsuk ki a tésztát 20 x 50 cm-es/8 x 20 csíkokra. A tészta felső kétharmadát megkenjük a vaj vagy margarin egyharmadával úgy, hogy a szélén vékony rést hagyjunk. A tészta ki nem vajazott részét hajtsd fel a következő egyharmadra, majd hajtsd rá a felső egyharmadát. Nyomja össze a széleket, hogy lezárja, és negyed fordulatot adjon a tésztának, hogy a behajtott széle a bal oldalon legyen. Ismételje meg a folyamatot a vaj vagy margarin következő egyharmadával, hajtsa össze és ismételje meg még egyszer, hogy az összes zsírt felhasználta. Az összehajtott tésztát olajozott polietilén zacskóba tesszük, és 30 percig hűtjük.

A tésztát még háromszor feltekerjük, összehajtjuk és újra megforgatjuk anélkül, hogy zsiradékot adnánk hozzá. Tegye vissza a zacskóba, és hűtse le 30 percig.

Nyújtsuk ki a tésztát 40 x 38 cm/16 x 15 méretű téglalap alakúra, vágjuk le a széleit, és vágjuk tizenkét darab 15 cm/6-os háromszög alakúra. A háromszögeket megkenjük egy kevés felvert tojással, megszórjuk szultánnal és cukorral, és az alaptól feltekerjük, majd félhold alakúra görbítjük, és egymástól jól kikent tepsire tesszük. A tetejüket megkenjük tojással, letakarjuk és 30 percig meleg helyen kelesztjük.

A tetejüket ismét megkenjük tojással, majd előmelegített sütőben 230°C-on 15-20 perc alatt aranybarnára és puffadásra sütjük.

Erdei körök

Három 350 g-os cipót készít

450 g/1 font/4 csésze teljes kiőrlésű (teljes kiőrlésű) liszt

20 ml/4 tk sütőpor

45 ml/3 evőkanál szentjánoskenyér por

5 ml/1 teáskanál só

50 g/2 oz/½ csésze darált mogyoró

50 g/2 oz/½ csésze apróra vágott vegyes dió

75 g/3 uncia/1/3 csésze növényi zsír (rövidítő)

75 g/3 uncia/¼ csésze tiszta méz

300 ml/½ pt/1¼ csésze tej

2,5 ml/½ teáskanál vanília esszencia (kivonat)

1 tojás, felvert

Keverjük össze a száraz hozzávalókat, majd dörzsöljük bele a növényi zsírt. A mézet feloldjuk a tejben és a vanília esszenciában, és a száraz hozzávalókhoz keverjük, amíg lágy tésztát nem kapunk. Formáld három körbe, és nyomkodd meg, hogy kissé ellapuljon. Mindegyik cipót részben hat részre vágjuk, és megkenjük felvert tojással. Kivajazott tepsire helyezzük, és előmelegített sütőben 230°C-on 20 percig sütjük, amíg jól megkel és aranybarna nem lesz.

Nutty Twist

Egy 450 g/1 font súlyú cipót készít

A tésztához:

15 g/½ uncia friss élesztő vagy 20 ml/4 teáskanál szárított élesztő

40 g/1½ oz/3 evőkanál porcukor (szuperfinom).

100 ml/3½ fl oz/6½ evőkanál meleg tej

350 g/12 uncia/3 csésze erős sima (kenyér)liszt

2,5 ml/½ teáskanál só

50 g/2 oz/¼ csésze vaj vagy margarin, olvasztott

1 tojás

A töltelékhez és a mázhoz:

100 g/4 oz/1 csésze őrölt mandula

2 tojásfehérje

50 g/2 uncia/¼ csésze porcukor (szuperfinom).

2,5 ml/½ teáskanál őrölt fahéj

100 g/4 oz/1 csésze darált mogyoró

1 tojássárgája

A tésztához az élesztőt 5 ml/1 teáskanál cukorral és kevés tejjel felfuttatjuk, és meleg helyen 20 percig kelesztjük, amíg habos nem lesz. Egy tálban összekeverjük a lisztet és a sót, és mélyedést készítünk a közepébe. Hozzákeverjük az élesztős keveréket, a maradék cukrot és a tejet, az olvasztott vajat vagy margarint és a tojást, és sima tésztává keverjük. Addig gyúrjuk, amíg rugalmas és már nem ragad. Olajozott tálba tesszük, olajozott ragasztófóliával (műanyag fóliával) letakarjuk, és meleg helyen körülbelül 1 órán át kelesztjük, amíg a duplájára nem nő.

A tésztát enyhén lisztezett felületen 30 x 40 cm/12 x 16 téglalap alakúra nyújtjuk. A töltelék hozzávalóit a tojássárgája kivételével addig keverjük, amíg sima masszát nem kapunk, majd a tésztára kenjük, a szélekig. A széleit megkenjük egy kevés tojássárgájával, majd a tésztát a hosszabbik oldaláról feltekerjük. A tésztát hosszában pontosan kettévágjuk, majd a két darabot összecsavarjuk, a végeit lezárva. Kivajazott tepsire tesszük, letakarjuk és 30 percig meleg helyen kelesztjük, amíg a duplájára nem nő. Megkenjük tojássárgájával, és előmelegített sütőben 190°C-on 30 perc alatt aranybarnára sütjük.

Narancssárga zsemle

24-es lesz

A tésztához:

25 g/1 uncia friss élesztő vagy 40 ml/ 2½ evőkanál szárított élesztő

120 ml/4 fl uncia/½ csésze meleg víz

75 g/3 oz/1/3 csésze porcukor (szuperfinom).

100 g/4 oz/½ csésze disznózsír (rövidítve), kockára vágva

5 ml/1 teáskanál só

250 ml/8 fl oz/1 csésze meleg tej

60 ml/4 evőkanál narancslé

30 ml/2 evőkanál reszelt narancshéj

2 tojás, felvert

675 g/1½ font/6 csésze erős sima (kenyér)liszt

A cukormázhoz (fagyáshoz):

250 g/9 uncia/1½ csésze porcukor (cukrászcukor).

5 ml/1 teáskanál reszelt narancshéj

30 ml/2 evőkanál narancslé

A tésztához a meleg vízben felfuttatjuk az élesztőt 5 ml/1 teáskanál cukorral, és hagyjuk habosra. A disznózsírt a maradék cukorral és a sóval elkeverjük. Keverje hozzá a tejet, a narancslevet, a héjat és a tojásokat, majd keverje hozzá az élesztős keveréket. Fokozatosan adjuk hozzá a lisztet és keverjük kemény tésztává. Jól összegyúrjuk. Kiolajozott tálba tesszük, olajozott tartófóliával (műanyag fóliával) letakarjuk, és meleg helyen körülbelül 1 órán át kelesztjük, amíg a duplájára nem nő.

Kb. 2 cm/¾ vastagságúra kinyújtjuk, és keksz- (keksz-) szaggatóval kör alakúra vágjuk. Kikent tepsire helyezzük egymástól kis távolságra, és 25 percig meleg helyen hagyjuk. Hagyjuk kihűlni.

A cukormáz elkészítéséhez tegyük egy tálba a cukrot, és keverjük bele a narancshéjat. Fokozatosan keverjük hozzá a narancslevet, amíg kemény hab nem lesz. Ha kihűlt, rákanalazzuk a zsemlékre, és hagyjuk dermedni.

Fájdalom csokoládé

12-t tesz ki

25 g/1 uncia/2 evőkanál disznózsír (rövidítő)

450 g/1 font/4 csésze erős sima (kenyér)liszt

2,5 ml/½ teáskanál porcukor (szuperfinom).

10 ml/2 teáskanál só

25 g/1 uncia friss élesztő vagy 40 ml/ 2½ evőkanál szárított élesztő

250 ml/8 fl oz/1 csésze meleg víz

2 tojás, enyhén felverve

100 g/4 oz/½ csésze vaj vagy margarin, kockára vágva

100 g/4 oz/1 csésze sima (félédes) csokoládé, 12 darabra törve

Dörzsölje bele a disznózsírt a lisztbe, a cukorba és a sóba, amíg a keverék zsemlemorzsához nem hasonlít, majd mélyedést készítsen a közepébe. Az élesztőt a vízzel elkeverjük, majd az egyik tojással a liszthez adjuk. A masszát addig dolgozzuk, amíg lágy tésztát nem kapunk, ami tisztán elhagyja a tál széleit. Enyhén lisztezett felületre borítjuk, és simára gyúrjuk, és már nem ragad. Nyújtsuk ki a tésztát 20 x 50 cm-es/8 x 20 csíkokra. A tészta felső kétharmadát megkenjük a vaj vagy margarin egyharmadával úgy, hogy a szélén vékony rést hagyjunk. Hajtsa fel a tészta ki nem vajazott részét a következő egyharmadára, majd hajtsa rá a felső egyharmadát, nyomja össze a széleket, hogy lezárja, és adjon negyed fordulatot a tésztának, hogy a behajtott széle a bal oldalon legyen. Ismételje meg a folyamatot a vaj vagy margarin következő egyharmadával, hajtsa össze és ismételje meg még egyszer, hogy az összes zsírt felhasználta. Az összehajtott tésztát olajozott polietilén zacskóba tesszük, és 30 percig hűtjük.

A tésztát még háromszor feltekerjük, összehajtjuk és újra megforgatjuk anélkül, hogy zsiradékot adnánk hozzá. Tegye vissza a zacskóba, és hűtse le 30 percig.

Osszuk a tésztát 12 részre, és nyújtsuk ki kb. 5 cm/2 széles és 5 mm/¼ vastag téglalapokká. Mindegyik közepébe tegyünk egy darab csokoládét, és tekerjük fel, körbezárva a csokoládét. Kivajazott tepsire helyezzük egymástól jól egymástól. A tetejüket megkenjük tojással, letakarjuk és 30 percig meleg helyen kelesztjük.

A tetejüket ismét megkenjük tojással, majd előmelegített sütőben 230°C-on 15-20 perc alatt aranybarnára és puffadásra sütjük.

Pandolce

Két 675 g/1½ font súlyú cipót készít

175 g/6 uncia/1 csésze mazsola

45 ml/3 evőkanál Marsala vagy édes sherry

25 g/1 uncia friss élesztő vagy 40 ml/2½ evőkanál szárított élesztő

175 g/6 uncia/¾ csésze porcukor (szuperfinom).

400 ml/14 fl uncia/1¾ csésze meleg tej

900 g/2 font/8 csésze sima (univerzális) liszt

Egy csipet só

45 ml/3 evőkanál narancsvirágvíz

75 g/3 uncia/1/3 csésze vaj vagy margarin, olvasztott

50 g/2 uncia/½ csésze fenyőmag

50 g/2 uncia/½ csésze pisztácia dió

10 ml/2 tk tört édesköménymag

50 g/2 uncia/1/3 csésze kristályos (kandírozott) citromhéj, apróra vágva

1 narancs reszelt héja

Keverjük össze a mazsolát és a Marsalát, és hagyjuk ázni. Az élesztőt 5 ml/1 teáskanál cukorral és kevés meleg tejjel felfuttatjuk, és meleg helyen 20 percig habosra kelesztjük. Egy tálban összekeverjük a lisztet, a sót és a maradék cukrot, és mélyedést készítünk a közepébe. Hozzákeverjük az élesztős keveréket, a maradék meleg tejet és a narancsvirágvizet. Adjuk hozzá az olvasztott vajat vagy margarint, és keverjük lágy tésztává. Enyhén lisztezett felületen addig gyúrjuk, amíg rugalmas és már nem ragad. Olajozott tálba tesszük, olajozott ragasztófóliával (műanyag fóliával) letakarjuk, és meleg helyen körülbelül 1 órán át kelesztjük, amíg a duplájára nem nő.

A tésztát enyhén lisztezett felületen 1 cm/½ vastagságúra nyomkodjuk vagy nyújtsuk ki. Megszórjuk a mazsolával, dióval, édesköménymaggal, citrom- és narancshéjjal. Tekerjük fel a tésztát, majd nyomkodjuk vagy nyújtsuk ki és tekerjük újra. Kör alakúra formázzuk, és kivajazott tepsire helyezzük. Fedjük le olajozott fóliával, és hagyjuk meleg helyen körülbelül 1 órán át kelni, amíg a duplájára nem nő.

Vegyünk háromszög alakú bevágást a cipó tetején, majd 190°C-ra előmelegített sütőben süssük 20 percig. Csökkentse a sütő hőmérsékletét 160°C/325°F/gáz jelzés 3-ra, és süsse további 1 órán keresztül, amíg aranybarnára és üreges hangra nem válik, ha ráütöget az aljára.

Panettone

Egy 23 cm/9-es tortát készít

40 g/1½ uncia friss élesztő vagy 60 ml/4 evőkanál szárított élesztő

150 g/5 oz/2/3 csésze porcukor (szuperfinom).

300 ml/½ pt/1¼ csésze meleg tej

225 g/8 uncia/1 csésze vaj vagy margarin, olvasztott

5 ml/1 teáskanál só

1 citrom reszelt héja

Egy csipet reszelt szerecsendió

6 tojássárgája

675 g/1½ font/6 csésze erős sima (kenyér)liszt

175 g/6 uncia/1 csésze mazsola

175 g/6 oz/1 csésze apróra vágott vegyes (kandírozott) héj

75 g/3 uncia/¼ csésze mandula, apróra vágva

Az élesztőt 5 ml/1 teáskanál cukorral felfuttatjuk egy kevés meleg tejjel, és 20 percig meleg helyen kelesztjük, amíg habos nem lesz. Az olvasztott vajat kikeverjük a maradék cukorral, a sóval, a citromhéjjal, a szerecsendióval és a tojássárgájával. A keveréket a liszthez keverjük az élesztős keverékkel, és sima tésztává turmixoljuk. Addig gyúrjuk, amíg már nem ragad. Olajozott tálba tesszük, olajozott ragasztófóliával (műanyag fóliával) letakarjuk és 20 percig meleg helyen pihentetjük. A mazsolát, a kikevert héjat és a mandulát összekeverjük és a tésztába dolgozzuk. Fedjük le ismét, és hagyjuk meleg helyen további 30 percig.

A tésztát enyhén átgyúrjuk, majd mély tortaformában (tepsiben) 23 cm/9-es, kivajazott és kibélelt formát formázunk. Letakarjuk és 30 percig meleg helyen kelesztjük, amíg a tészta jóval a forma teteje fölé emelkedik. Előmelegített sütőben 190°C/375°F/gáz 5-

ös fokozaton süsd másfél órán keresztül, amíg a közepébe szúrt nyárs tisztán ki nem jön.

Alma és datolya

Egy 900 g-os cipót készít

350 g/12 oz/3 csésze önnövekvő (magán kelő) liszt

50 g/2 uncia/¼ csésze puha barna cukor

5 ml/1 tk vegyes (almás pite) fűszer

5 ml/1 teáskanál őrölt fahéj

2,5 ml/½ teáskanál reszelt szerecsendió

Egy csipet só

1 nagy főző alma, meghámozva, kimagozva és apróra vágva

175 g/6 uncia/1 csésze magozott (magozott) datolya, apróra vágva

½ citrom reszelt héja

2 tojás, enyhén felverve

150 ml/¼ pt/2/3 csésze natúr joghurt

Keverjük össze a száraz hozzávalókat, majd keverjük hozzá az almát, a datolyát és a citrom héját. A közepébe mélyedést készítünk, hozzáadjuk a tojást és a joghurtot, majd fokozatosan tésztává keverjük. Enyhén lisztezett felületre borítjuk, és kivajazott és lisztezett, 900 g-os cipóformát (serpenyőt) formázunk belőle. Előmelegített sütőben 160°C/325°F/gáz jelzés 3 1½ órán keresztül süsd, amíg jól megkel és aranybarna nem lesz. Hagyja hűlni a formában 5 percig, majd fordítsa rácsra, hogy teljesen kihűljön.

Almás és szultána kenyér

Három 350 g-os cipót készít

25 g/1 uncia friss élesztő vagy 40 ml/2½ evőkanál szárított élesztő

10 ml/2 tk malátakivonat

375 ml/13 fl uncia/1½ csésze meleg víz

450 g/1 font/4 csésze teljes kiőrlésű (teljes kiőrlésű) liszt

5 ml/1 teáskanál szójaliszt

50 g/2 uncia/½ csésze hengerelt zab

2,5 ml/½ teáskanál só

25 g/1 uncia/2 evőkanál puha barna cukor

15 ml/1 evőkanál disznózsír (rövidítő)

225 g/8 oz főzési (fanyar) alma, meghámozva, kimagozva és apróra vágva

400 g/14 uncia/21/3 csésze szultána (arany mazsola)

2,5 ml/½ teáskanál őrölt fahéj

1 tojás, felvert

Az élesztőt a malátakivonattal és egy kevés meleg vízzel elkeverjük, és meleg helyen habosra tesszük. Keverjük össze a lisztet, a zabot, a sót és a cukrot, dörzsöljük bele a zsírt, és készítsünk mélyedést a közepébe. Hozzákeverjük az élesztős keveréket és a maradék meleg vizet, és sima tésztává gyúrjuk. Keverje hozzá az almát, a szultánt és a fahéjat. Addig gyúrjuk, amíg rugalmas és már nem ragad. Helyezze a tésztát egy olajozott tálba, és fedje le olajozott fóliával (műanyag fóliával). Meleg helyen 1 órát kelesztjük, amíg a duplájára nem nő.

A tésztát enyhén átgyúrjuk, majd három kört formázunk és kissé elsimítjuk, majd kivajazott tepsire tesszük. A tetejüket megkenjük felvert tojással, és előmelegített sütőben 230°C-on, 8-as gázjelzéssel 35 perc alatt megsütjük, amíg jól megkel, és az alapra koppintva üreges hangzású lesz.

Almás és fahéjas meglepetések

10-et tesz ki

A tésztához:

25 g/1 uncia friss élesztő vagy 40 ml/2½ evőkanál szárított élesztő

75 g/3 uncia/1/3 csésze puha barna cukor

300 ml/½ pt/1¼ csésze meleg víz

450 g/1 font/4 csésze teljes kiőrlésű (teljes kiőrlésű) liszt

2,5 ml/½ teáskanál só

25 g/1 uncia/¼ csésze tejpor (zsírmentes száraz tej)

5 ml/1 teáskanál őrölt kevert (almás pite) fűszer

5 ml/1 teáskanál őrölt fahéj

75 g/3 uncia/1/3 csésze vaj vagy margarin

15 ml/1 evőkanál reszelt narancshéj

1 tojás

A töltelékhez:

450 g/1 font főzőalma, meghámozva, kimagozva és durvára vágva

75 g/3 uncia/½ csésze szultána (arany mazsola)

5 ml/1 teáskanál őrölt fahéj

A mázhoz:

15 ml/1 evőkanál tiszta méz

30 ml/2 evőkanál porcukor (szuperfinom).

A tésztához az élesztőt egy kevés cukorral és kevés meleg vízzel elkeverjük, és meleg helyen 20 percig kelesztjük, amíg habos nem lesz. Keverjük össze a lisztet, a sót, a tejport és a fűszereket. Dörzsölje bele a vajat vagy a margarint, majd keverje bele a narancshéjat, és készítsen mélyedést a közepébe. Adjuk hozzá az élesztős keveréket, a maradék meleg vizet és a tojást, és keverjük sima tésztává. Olajozott tálba tesszük, olajozott fóliával (műanyag fóliával) letakarjuk, és meleg helyen 1 órán át kelesztjük, amíg a duplájára nem nő.

A töltelékhez az almát és a szultánokat egy serpenyőben fahéjjal és kevés vízzel puhára és pürésítve főzzük.

A tésztából 10 hengert formázunk, az ujjunkat a közepébe nyomjuk és belekanalazzuk a töltelékből, majd a töltelék köré zárjuk a tésztát. Zsírozott tepsire sorakoztatjuk, olajozott fóliával letakarjuk és 40 percig meleg helyen pihentetjük. 230°C-ra előmelegített sütőben 15 percig sütjük, amíg jól megkel.

Megkenjük a mézzel, megszórjuk a cukorral és hagyjuk kihűlni.

Sárgabarack tea kenyér

Egy 900 g-os cipót készít

225 g/8 oz/2 csésze önnövekvő (magán kelő) liszt

100 g/4 oz/2/3 csésze szárított sárgabarack

50 g/2 oz/½ csésze mandula, apróra vágva

50 g/2 uncia/¼ csésze puha barna cukor

50 g/2 uncia/¼ csésze vaj vagy margarin

100 g/4 uncia/1/3 csésze aranyszínű (világos kukorica) szirup

1 tojás

75 ml/5 evőkanál tej

A sárgabarackot áztassuk be forró vízbe 1 órára, majd leszűrjük és feldaraboljuk.

Keverjük össze a lisztet, a sárgabarackot, a mandulát és a cukrot. A vajat vagy a margarint és a szirupot felolvasztjuk. Hozzáadjuk a száraz hozzávalókhoz a tojással és a tejjel. Kivajazott és kibélelt 900 g-os cipóformába (serpenyőbe) kanalazzuk, és előmelegített sütőben, 180°C-on, 4-es gázjelzéssel süssük 1 órán keresztül, amíg aranybarna és szilárd tapintású lesz.

Sárgabarack és narancssüveg

Egy 900 g-os cipót készít

175 g/6 uncia/1 csésze áztatás nélküli szárított sárgabarack, apróra vágva

150 ml/¼ pt/2/3 csésze narancslé

400 g 3½ csésze sima (univerzális) liszt

175 g/6 uncia/¾ csésze porcukor (szuperfinom).

100 g/4 uncia/2/3 csésze mazsola

7,5 ml/1½ teáskanál sütőpor

2,5 ml/½ teáskanál szódabikarbóna (szódabikarbóna)

2,5 ml/½ teáskanál só

1 narancs reszelt héja

1 tojás, enyhén felverve

25 g/1 uncia/2 evőkanál vaj vagy margarin, olvasztott

Áztassuk a sárgabarackot a narancslében. A száraz hozzávalókat és a narancshéjat tegyük egy tálba, és készítsünk mélyedést a közepébe. Hozzákeverjük a sárgabarackot és a narancslevet, a tojást és az olvasztott vajat vagy margarint, és kemény habbá dolgozzuk. Kivajazott és kibélelt 900 g-os cipóformába (serpenyőbe) kanalazzuk, és előmelegített sütőben, 180°C-on, 4-es gázjelzéssel süssük 1 órán keresztül, amíg aranybarnák és szilárd tapintásúak lesznek.

Sárgabarack és diós cipó

Egy 900 g-os cipót készít

15 g/½ uncia friss élesztő vagy 20 ml/4 teáskanál szárított élesztő

30 ml/2 evőkanál tiszta méz

300 ml/½ pt/1¼ csésze meleg víz

25 g/1 uncia/2 evőkanál vaj vagy margarin

225 g/8 uncia/2 csésze teljes kiőrlésű (teljes kiőrlésű) liszt

225 g/8 uncia/2 csésze sima (univerzális) liszt

5 ml/1 teáskanál só

75 g/3 oz/¾ csésze dió, apróra vágva

175 g/6 uncia/1 csésze fogyasztásra kész szárított sárgabarack, apróra vágva

Az élesztőt egy kevés mézzel és kevés vízzel elkeverjük, és meleg helyen 20 percig kelesztjük, amíg habos nem lesz. A vajat vagy a margarint elmorzsoljuk a liszttel és a sóval, majd mélyedést készítünk a közepébe. Hozzákeverjük az élesztős keveréket és a maradék mézet és a vizet, és tésztává keverjük. Hozzákeverjük a diót és a sárgabarackot, és simára és már nem ragadósra gyúrjuk. Olajozott tálba tesszük, letakarjuk, és meleg helyen 1 órán át kelesztjük, amíg duplájára nő.

Gyúrja újra a tésztát, és formázzon kiolajozott 900 g-os cipóformát (serpenyőt). Fedjük le olajozott fóliával (műanyag fóliával), és hagyjuk meleg helyen körülbelül 20 percig, amíg a tészta a forma teteje fölé emelkedik. 220°C-ra előmelegített sütőben 30 perc alatt aranybarnára sütjük, és az alapra ütögetve üreges hangzású lesz.

Őszi korona

Egy nagy gyűrűs cipót készít belőle

A tésztához:

450 g/1 font/4 csésze teljes kiőrlésű (teljes kiőrlésű) liszt

20 ml/4 tk sütőpor

75 g/3 uncia/1/3 csésze puha barna cukor

5 ml/1 teáskanál só

2,5 ml/½ teáskanál őrölt buzogány

75 g/3 uncia/1/3 csésze növényi zsír (rövidítő)

3 tojás fehérje

300 ml/½ pt/1¼ csésze tej

A töltelékhez:

175 g/6 uncia/1½ csésze teljes kiőrlésű (teljes kiőrlésű) süteménymorzsa

50 g/2 uncia/½ csésze darált mogyoró vagy mandula

50 g/2 uncia/¼ csésze puha barna cukor

75 g/3 oz/½ csésze kristályos (kandírozott) gyömbér, apróra vágva

30 ml/2 evőkanál rum vagy brandy

1 tojás, enyhén felverve

Mázashoz:

15 ml/1 evőkanál méz

A tésztához keverjük össze a száraz hozzávalókat, és kenjük bele a zsírt. Keverjük össze a tojásfehérjét és a tejet, és keverjük össze a masszával, amíg lágy, rugalmas tésztát nem kapunk.

Keverjük össze a töltelék hozzávalóit, a tojásból csak annyit használjunk, hogy kenhető állagot kapjunk. A tésztát enyhén lisztezett felületen 20 x 30 cm/8 x 10 téglalap alakúra nyújtjuk. A tölteléket a felső rész kivételével 2,5 cm-re kenjük a hosszú széle mentén. Tekerjük fel az ellenkező széléről, mint egy svájci (zselé) tekercset, és nedvesítsük meg a sima tésztacsíkot, hogy lezárjuk. Nedvesítse meg a tekercset mindkét végét, és a tekercset kör alakúvá formálja, a végeit összezárva. Éles ollóval díszítsünk a tetején apró vágásokat. Kivajazott tepsire tesszük és megkenjük a maradék tojással. 15 percig pihentetjük.

230°C-ra előmelegített sütőben 25 perc alatt aranybarnára sütjük. Megkenjük mézzel és hagyjuk kihűlni.

Banánsüveg

Egy 900 g-os cipót készít

75 g/3 uncia/1/3 csésze vaj vagy margarin, lágyítva

175 g/6 uncia/2/3 csésze porcukor (szuperfinom).

2 tojás, enyhén felverve

450 g/1 font érett banán, pépesítve

200 g/7 oz/1¾ csésze önnövekvő (magán kelő) liszt

75 g/3 oz/¾ csésze dió, apróra vágva

100 g/4 uncia/2/3 csésze szultána (arany mazsola)

50 g/2 oz/½ csésze glacé (kandírozott) cseresznye

2,5 ml/½ teáskanál szódabikarbóna (szódabikarbóna)

Egy csipet só

A vajat vagy a margarint és a cukrot habosra és habosra keverjük. Fokozatosan beleütjük a tojást, majd beleforgatjuk a banánt. A többi hozzávalót jól összekeverjük. Kivajazott és kibélelt 900 g-os cipóformába (serpenyőbe) kanalazzuk, és előmelegített sütőben 180°C/350°C/gázjelzés 4-re sütjük 1¼ órán keresztül, amíg jól megkel és tapintásra szilárd lesz.

Teljes kiőrlésű banán kenyér

Egy 900 g-os cipót készít

100 g/4 oz/½ csésze vaj vagy margarin, lágyítva

50 g/2 uncia/¼ csésze puha barna cukor

2 tojás, enyhén felverve

3 banán, pépesítve

175 g/6 uncia/1½ csésze teljes kiőrlésű (teljes kiőrlésű) liszt

100 g/4 oz/1 csésze zabliszt

5 ml/1 teáskanál sütőpor

5 ml/1 teáskanál őrölt kevert (almás pite) fűszer

30 ml/2 evőkanál tej

A vajat vagy a margarint és a cukrot habosra keverjük. Fokozatosan beleütjük a tojásokat, beleforgatjuk a banánt, majd beleforgatjuk a liszteket, a sütőport és a kevert fűszereket. Adjunk hozzá annyi tejet, hogy lágy keveréket kapjunk. Egy kivajazott és kibélelt 900 g-os cipóformába (serpenyőbe) kanalazzuk, és egyengessük el a felületet. Előmelegített sütőben 190°C-on, 5-ös gázjelzéssel süsd meg, amíg megkel és aranybarna nem lesz.

Banános és diós kenyér

Egy 900 g-os cipót készít

50 g/2 uncia/¼ csésze vaj vagy margarin

225 g/8 oz/2 csésze önnövekvő (magán kelő) liszt

50 g/2 uncia/¼ csésze porcukor (szuperfinom).

50 g/2 oz/½ csésze apróra vágott vegyes dió

1 tojás, enyhén felverve

75 g/3 uncia/1/3 csésze aranyszínű (világos kukorica) szirup

2 banán, pépesítve

15 ml/1 evőkanál tej

A vajat vagy a margarint eldörzsöljük a liszttel, majd hozzákeverjük a cukrot és a diót. Hozzákeverjük a tojást, a szirupot, a banánt és annyi tejet, hogy lágy keveréket kapjunk. Kivajazott és kibélelt 900 g-os cipóformába (serpenyőbe) kanalazzuk, és előmelegített sütőben 180°C-ra, 4-es gázjelzésre süssük körülbelül 1 órán keresztül, amíg szilárd és aranybarna nem lesz. Tálalás előtt 24 órán át tároljuk szeletelve és kivajazva.

Bara Brith

Három 450 g/1 font súlyú cipót készít

450 g/1 font/2¾ csésze szárított vegyes gyümölcs (gyümölcstorta keverék)

250 ml/8 fl oz/1 csésze erős hideg tea

30 ml/2 evőkanál szárított élesztő

175 g/6 uncia/¾ csésze puha barna cukor

250 g/12 uncia/3 csésze teljes kiőrlésű (teljes kiőrlésű) liszt

350 g/12 uncia/3 csésze erős sima (kenyér)liszt

10 ml/2 tk őrölt kevert (almás pite) fűszer

100 g/4 oz/½ csésze vaj vagy margarin, olvasztott

2 tojás, felvert

2,5 ml/½ teáskanál só

15 ml/1 evőkanál tiszta méz

Áztassa a gyümölcsöt a teában 2 órára. Melegíts fel 30 ml/2 evőkanál teát és keverd össze az élesztővel és 5 ml/1 tk cukorral. Meleg helyen hagyjuk habosra. Keverjük össze a száraz hozzávalókat, majd keverjük hozzá az élesztős keveréket és az összes többi hozzávalót, kivéve a mézet, és keverjük tésztává. Enyhén lisztezett felületre borítjuk, és óvatosan simára és rugalmasra gyúrjuk. Osszuk el három zsírozott és kibélelt 450 g/1 lb-s cipóforma (serpenyő) között. Olajozott fóliával (műanyag fóliával) letakarjuk, és meleg helyen 1 órát pihentetjük, amíg a tészta a formák teteje fölé emelkedik.

Előmelegített sütőben 200°C/400°F/6-os gázjellel süsd 15 percig, majd csökkentsd a sütő hőmérsékletét 180°C/350°F/4-es gázjelzésre további 45 percig, amíg aranybarnára és üregesre nem válik. rákoppintott az alapra. Melegítse fel a mézet, és kenje meg a meleg kenyerek tetejét.

Fürdőzsemle

12 zsemlét készít

500 g/1 font/4 csésze erős sima (kenyér)liszt

25 g/1 uncia friss élesztő vagy 40 ml/2½ evőkanál szárított élesztő

150 ml/¼ pt/2/3 csésze meleg tej

75 g/3 oz/1/3 csésze porcukor (szuperfinom).

150 ml/¼ pt/2/3 csésze meleg víz

5 ml/1 teáskanál só

50 g/2 uncia/¼ csésze vaj vagy margarin

2 tojás, felvert

175 g/6 uncia/1 csésze szultána (arany mazsola)

50 g/2 oz/1/3 csésze apróra vágott vegyes héj

A kenéshez felvert tojás

Befőtt cukor, zúzott, szóráshoz

Tegye a liszt negyedét egy tálba, és készítsen mélyedést a közepébe. Az élesztőt elkeverjük a tej felével és 5 ml/1 teáskanál cukorral, és a mélyedésbe öntjük. Adjuk hozzá a maradék folyadékot. Keverjük össze, és hagyjuk meleg helyen 35 percig, amíg habos nem lesz. A maradék lisztet a sóval egy tálba tesszük. Keverje hozzá a maradék cukrot, majd dörzsölje bele a vajat vagy a margarint, amíg a keverék zsemlemorzsára nem hasonlít. Hozzáöntjük az élesztős keveréket és a tojást, és jól felverjük. Keverje hozzá a szultánokat és a vegyes héjat. Fedjük le olajozott fóliával (műanyag fóliával), és hagyjuk meleg helyen, amíg duplájára nő.

A tésztát jól összegyúrjuk és 12 részre osztjuk. Kör alakúra formázzuk, és kivajazott tepsire helyezzük. Fedjük le olajozott fóliával, és hagyjuk meleg helyen 15 percig. Felvert tojással megkenjük és tört cukorral megszórjuk. 200°C-ra előmelegített sütőben 15-20 perc alatt aranybarnára sütjük.

Cseresznye és mézes cipó

Egy 900 g-os cipót készít

175 g/6 oz/¾ csésze vaj vagy margarin, lágyítva

75 g/3 uncia/1/3 csésze puha barna cukor

60 ml/4 evőkanál tiszta méz

2 tojás, felvert

100 g/4 oz/2 csésze teljes kiőrlésű (teljes kiőrlésű) liszt

10 ml/2 tk sütőpor

100 g/4 oz/½ csésze glacé (kandírozott) cseresznye, apróra vágva

45 ml/3 evőkanál tej

A vajat vagy a margarint, a cukrot és a mézet habosra keverjük. Fokozatosan hozzákeverjük a tojásokat, minden hozzáadás után jól felverjük. Keverjük hozzá a többi hozzávalót, hogy lágy masszát kapjunk. Kivajazott és kibélelt 900 g-os cipóformába (serpenyőbe) kanalazzuk, és előmelegített sütőben, 180°C-on, 4-es gázjelzéssel süssük 1 órán keresztül, amíg a közepébe szúrt nyárs tisztán ki nem jön. Szeletelve és kivajazva tálaljuk.

Fahéjas és szerecsendiós tekercs

24-es lesz

15 ml/1 evőkanál szárított élesztő

120 ml/4 fl oz/½ csésze tej, főtt

50 g/2 uncia/¼ csésze porcukor (szuperfinom).

50 g/2 uncia/¼ csésze disznózsír (rövidítő)

5 ml/1 teáskanál só

120 ml/4 fl uncia/½ csésze meleg víz

2,5 ml/½ teáskanál reszelt szerecsendió

1 tojás, felvert

400 g 3½ csésze erős sima (kenyér)liszt

45 ml/3 evőkanál vaj vagy margarin, olvasztott

175 g/6 uncia/¾ csésze puha barna cukor

10 ml/2 teáskanál őrölt fahéj

75 g/3 uncia/½ csésze mazsola

Az élesztőt a meleg tejben egy teáskanál porcukorral felfuttatjuk, és habosra hagyjuk. Keverjük össze a maradék porcukrot, a zsírt és a sót. Felöntjük vízzel, és keverésig keverjük. Keverjük hozzá az élesztős keveréket, majd fokozatosan adjuk hozzá a szerecsendiót, a tojást és a lisztet. Gyúrjuk sima tésztává. Kiolajozott tálba tesszük, olajozott tartófóliával (műanyag fóliával) letakarjuk, és meleg helyen körülbelül 1 órán át kelesztjük, amíg a duplájára nem nő.

A tésztát kettévágjuk, és enyhén lisztezett felületen körülbelül 5 mm/¼ vastagságú téglalapokat nyújtunk. Megkenjük olvasztott vajjal, és megszórjuk barna cukorral, fahéjjal és mazsolával. A hosszabb méretből feltekerjük, és mindegyik tekercset 12, 1 cm/½ vastag szeletre vágjuk. Kivajazott tepsire helyezzük egymástól kis távolságra a szeleteket, és 1 órát meleg helyen pihentetjük. 190°C-ra előmelegített sütőben 20 percig sütjük, amíg jól megkel.

Áfonya kenyér

Egy 450 g/1 font súlyú cipót készít

225 g/8 uncia/2 csésze sima (univerzális) liszt

2,5 ml/½ teáskanál só

2,5 ml/½ teáskanál szódabikarbóna (szódabikarbóna)

225 g/8 oz/1 csésze porcukor (szuperfinom).

7,5 ml/1½ teáskanál sütőpor

1 narancs leve és reszelt héja

1 tojás, felvert

25 g/1 uncia/2 evőkanál disznózsír (rövidítő), olvasztott

100 g/4 oz friss vagy fagyasztott áfonya, zúzott

50 g/2 oz/½ csésze dió, durvára vágva

Egy nagy tálban keverjük össze a száraz hozzávalókat. Tegye a narancslevet és a héjat egy mérőkancsóba, és töltse fel vízzel 175 ml-re. A száraz hozzávalókhoz keverjük a tojással és a zsírral. Hozzákeverjük az áfonyát és a diót. Kivajazott, 450 g-os cipóformába (serpenyőbe) kanalazzuk, és előmelegített sütőben, 160°C-ra, 3-as gázjelzésre sütjük körülbelül 1 órán keresztül, amíg a közepébe szúrt nyárs tisztán ki nem jön. Hagyjuk kihűlni, majd 24 órán át állni hagyjuk, mielőtt felvágnánk.

Datolya és vajas cipó

Egy 900 g-os cipót készít

A cipóhoz:

175 g/6 oz/1 csésze magozott (magozott) datolya, finomra vágva

5 ml/1 teáskanál szódabikarbóna (szódabikarbóna)

250 ml/8 fl uncia/1 csésze forrásban lévő víz

75 g/3 uncia/1/3 csésze vaj vagy margarin, lágyítva

225 g/8 uncia/1 csésze puha barna cukor

1 tojás, enyhén felverve

5 ml/1 tk vanília esszencia (kivonat)

225 g/8 uncia/2 csésze sima (univerzális) liszt

5 ml/1 teáskanál sütőpor

Egy csipet só

A feltéthez:

100 g/4 uncia/½ csésze puha barna cukor

50 g/2 uncia/¼ csésze vaj vagy margarin

120 ml/4 fl oz/½ csésze egyszínű (könnyű) krém

A cipó elkészítéséhez keverjük össze a datolyát, a szódabikarbónát és a forrásban lévő vizet, és jól keverjük össze, majd hagyjuk kihűlni. A vajat vagy a margarint és a cukrot habosra keverjük, majd fokozatosan hozzákeverjük a tojást és a vanília esszenciát. Belekeverjük a lisztet, a sütőport és a sót. A keveréket kivajazott és kibélelt 900 g-os cipóformába kanalazzuk, és 180°C-ra előmelegített sütőben süssük 1 órán keresztül, amíg a közepébe szúrt nyárs tisztán ki nem jön.

Az öntethez a cukrot, a vajat vagy a margarint és a tejszínt lassú tűzön összeolvasztjuk, majd 15 percig puhára pároljuk, időnként megkeverve. Kivesszük a cipót a formából, és ráöntjük a forró feltétre. Hagyjuk kihűlni.

Datolya és banán kenyér

Egy 900 g-os cipót készít

225 g/8 uncia/11/3 csésze magozott (magozott) datolya, apróra vágva

300 ml/½ pt/1¼ csésze tej

5 ml/1 teáskanál szódabikarbóna (szódabikarbóna)

100 g/4 oz/½ csésze vaj vagy margarin

275 g/10 uncia/2½ csésze önnövekvő (magán kelő) liszt

2 érett banán, pépesítve

1 tojás, felvert

75 g/3 oz/¾ csésze mogyoró, apróra vágva

30 ml/2 evőkanál tiszta méz

A datolyát, a tejet és a szódabikarbónát egy lábasba tesszük, és kevergetve felforraljuk. Hagyjuk kihűlni. Dörzsölje bele a vajat vagy a margarint a lisztbe, amíg a keverék zsemlemorzsa nem lesz. Keverje hozzá a banánt, a tojást és a mogyoró nagy részét, néhány darabot a díszítéshez tartson. Kivajazott és kibélelt 900 g-os cipóformába (serpenyőbe) kanalazzuk, és előmelegített sütőben, 180°C-ra, 4-es gázjelzésre sütjük 1 órán keresztül, amíg a közepébe szúrt nyárs tisztán ki nem jön. 5 percig hagyjuk hűlni a formában, majd fordítsuk ki és távolítsuk el a béléspapírt. Melegítsük fel a mézet, és kenjük meg a torta tetejét. Megszórjuk a maradék dióval, és hagyjuk teljesen kihűlni.

Datolya és narancssüveg

Egy 900 g-os cipót készít

225 g/8 uncia/11/3 csésze magozott (magozott) datolya, apróra vágva

120 ml/4 fl uncia/½ csésze víz

200 g/7 uncia/kevés 1 csésze puha barna cukor

75 g/3 uncia/1/3 csésze vaj vagy margarin

1 narancs reszelt héja és leve

1 tojás, enyhén felverve

225 g/8 uncia/2 csésze sima (univerzális) liszt

10 ml/2 tk sütőpor

5 ml/1 teáskanál őrölt fahéj

Pároljuk a datolyát vízben 15 percig, amíg pépes lesz. Feloldódásig keverjük hozzá a cukrot. Vegyük le a tűzről, és hagyjuk kissé kihűlni. Belekeverjük a vajat vagy a margarint, a narancshéjat és a levét, majd a tojást. Belekeverjük a lisztet, a sütőport és a fahéjat. Kivajazott és kibélelt 900 g-os cipóformába (serpenyőbe) kanalazzuk, és előmelegített sütőben, 180°C-on, 4-es gázjelzéssel süssük 1 órán keresztül, amíg a közepébe szúrt nyárs tisztán ki nem jön.

Datolya és diós kenyér

Egy 900 g-os cipót készít

250 ml/8 fl uncia/1 csésze forrásban lévő víz

225 g/8 uncia/1 1/3 csésze magozott (magozott) datolya, apróra vágva

10 ml/2 teáskanál szódabikarbóna (szódabikarbóna)

25 g/1 uncia/2 evőkanál növényi zsír (rövidítő)

225 g/8 uncia/1 csésze puha barna cukor

2 tojás, felvert

225 g/8 uncia/2 csésze sima (univerzális) liszt

5 ml/1 teáskanál só

50 g/2 uncia/½ csésze pekándió, apróra vágva

A forrásban lévő vizet a datolyára és a szódabikarbónára öntjük, és langyosra hagyjuk. A növényi zsírt és a cukrot krémesre keverjük. Fokozatosan beleütjük a tojásokat. A lisztet elkeverjük a sóval és a dióval, majd a datolyával és a folyadékkal felváltva a tejszínes masszához forgatjuk. Kivajazott 900 g-os tepsibe kanalazzuk, és előmelegített sütőben, 180°C-on, 4-es gázjelzéssel süssük 1 órán keresztül, amíg megszilárdul.

Datolya tea kenyér

Egy 900 g-os cipót készít

225 g/8 uncia/2 csésze sima (univerzális) liszt

100 g/4 uncia/½ csésze puha barna cukor

Egy csipet só

5 ml/1 teáskanál őrölt kevert (almás pite) fűszer

5 ml/1 teáskanál szódabikarbóna (szódabikarbóna)

50 g/2 oz/¼ csésze vaj vagy margarin, olvasztott

15 ml/1 evőkanál fekete melasz (melasz)

150 ml/¼ pt/2/3 csésze fekete tea

1 tojás, felvert

75 g/3 oz/½ csésze magozott (magozott) datolya, apróra vágva

Keverjük össze a lisztet, a cukrot, a sót, a fűszereket és a szódabikarbónát. Hozzákeverjük a vajat, a melaszot, a teát és a tojást, és jól simára keverjük. Belekeverjük a datolyát. A keveréket kivajazott és kibélelt 900 g-os cipóformába (serpenyőbe) kanalazzuk, és előmelegített sütőben, 180°C-on, 4-es gázjelzéssel süssük 45 percig.

Datolya és diós cipó

Egy 900 g-os cipót készít

100 g/4 oz/½ csésze vaj vagy margarin

175 g/6 uncia/1½ csésze teljes kiőrlésű (teljes kiőrlésű) liszt

50 g/2 uncia/½ csésze zabliszt

10 ml/2 tk sütőpor

5 ml/1 teáskanál őrölt kevert (almás pite) fűszer

2,5 ml/½ teáskanál őrölt fahéj

50 g/2 uncia/¼ csésze puha barna cukor

75 g/3 oz/½ csésze magozott (magozott) datolya, apróra vágva

75 g/3 oz/¾ csésze dió, apróra vágva

2 tojás, enyhén felverve

30 ml/2 evőkanál tej

Dörzsölje el a vajat vagy a margarint a liszttel, a sütőporral és a fűszerekkel, amíg a keverék zsemlemorzsára nem hasonlít. Hozzákeverjük a cukrot, a datolyát és a diót. Keverjük hozzá a tojást és a tejet, hogy lágy tésztát kapjunk. Formázz a tésztából egy kivajazott, 900 g-os cipóformát (serpenyőt), és egyengesd el a tetejét. 160°C-ra előmelegített sütőben 45 percig sütjük, amíg megkel és aranybarna nem lesz.

Fig Loaf

Egy 450 g/1 font súlyú cipót készít

100 g/4 uncia/1½ csésze korpás gabonapehely

100 g/4 uncia/½ csésze puha barna cukor

100 g/4 uncia/2/3 csésze szárított füge, apróra vágva

30 ml/2 evőkanál fekete melasz (melasz)

250 ml/8 fl oz/1 csésze tej

100 g/4 oz/1 csésze teljes kiőrlésű (teljes kiőrlésű) liszt

10 ml/2 tk sütőpor

Keverje össze a gabonát, a cukrot, a fügét, a melaszot és a tejet, és hagyja állni 30 percig. Belekeverjük a lisztet és a sütőport. Kivajazott, 450 g-os cipóformába (serpenyőbe) kanalazzuk, és előmelegített sütőben, 180°C-on, 4-es gázjelzéssel süssük 45 percig, amíg meg nem szilárdul, és a közepébe szúrt nyárs tisztán ki nem jön.

Füge és marsala kenyér

Egy 900 g-os cipót készít

225 g/8 oz/1 csésze sótlan (édes) vaj vagy margarin, lágyítva

225 g/8 uncia/1 csésze puha barna cukor

4 tojás, enyhén felverve

45 ml/3 evőkanál Marsala

5 ml/1 tk vanília esszencia (kivonat)

200 g/7 uncia/1¾ csésze sima (univerzális) liszt

Egy csipet só

50 g/2 uncia/1/3 csésze fogyasztásra kész szárított sárgabarack, apróra vágva

50 g/2 oz/1/3 csésze magozott (magozott) datolya, apróra vágva

50 g/2 uncia/1/3 csésze szárított füge, apróra vágva

50 g/2 oz/½ csésze apróra vágott vegyes dió

A vajat vagy a margarint és a cukrot habosra keverjük. Fokozatosan hozzáadjuk a tojást, majd a Marsalát és a vaníliaesszenciát. A lisztet és a sót elkeverjük a gyümölccsel és a dióval, majd a masszához forgatjuk és jól összedolgozzuk. Kikent és lisztezett 900 g-os cipóformába kanalazzuk, és előmelegített sütőben, 180°C-on, 4-es gázjelzéssel süssük 1 órán keresztül. Hagyja hűlni a formában 10 percig, majd fordítsa rácsra, hogy befejezze a hűtést.

Méz és Fügetekercs

12-t tesz ki

25 g/1 uncia friss élesztő vagy 40 ml/2½ evőkanál szárított élesztő

75 g/3 uncia/¼ csésze tiszta méz

300 ml/½ pt/1¼ csésze meleg víz

100 g/4 uncia/2/3 csésze szárított füge, apróra vágva

15 ml/1 evőkanál malátakivonat

450 g/1 font/4 csésze teljes kiőrlésű (teljes kiőrlésű) liszt

15 ml/1 evőkanál tejpor (zsírmentes száraz tej)

5 ml/1 teáskanál só

2,5 ml/½ teáskanál reszelt szerecsendió

40 g/1½ oz/2½ evőkanál vaj vagy margarin

1 narancs reszelt héja

1 tojás, felvert

15 ml/1 evőkanál szezámmag

Az élesztőt 5 ml/1 teáskanál mézzel és kevés meleg vízzel elkeverjük, és meleg helyen habosra tesszük. Keverje össze a maradék meleg vizet a fügével, a malátakivonattal és a maradék mézzel, és hagyja ázni. Keverjük össze a lisztet, a tejport, a sót és a szerecsendiót, majd dörzsöljük bele a vajat vagy a margarint és keverjük bele a narancshéjat. A közepébe mélyedést készítünk, és beleöntjük az élesztős keveréket és a fügekeveréket. Lágy tésztává keverjük és addig gyúrjuk, amíg már nem ragad. Olajozott tálba tesszük, olajozott fóliával (műanyag fóliával) letakarjuk, és meleg helyen 1 órán át kelesztjük, amíg a duplájára nem nő.

Enyhén összegyúrjuk, majd 12 tekercset formázunk, és kivajazott tepsibe rakjuk. Olajozott fóliával letakarjuk és 20 percig meleg helyen pihentetjük. Lekenjük felvert tojással és megszórjuk szezámmaggal. Előmelegített sütőben, 230°C-on, 8-as gázjelzéssel 15 perc alatt aranybarnára sütjük, és az alapra ütögetve üreges lesz.

Forró keresztes zsemle

12-t tesz ki

A zsemlékhez:

450 g/1 font/4 csésze erős (kenyér)liszt

15 ml/1 evőkanál szárított élesztő

Egy csipet só

5 ml/1 teáskanál őrölt kevert (almás pite) fűszer

50 g/2 uncia/¼ csésze porcukor (szuperfinom).

100 g/4 uncia/2/3 csésze ribizli

25 g/1 uncia/3 evőkanál apróra vágott vegyes (kandírozott) héj

1 tojás, felvert

250 ml/8 fl oz/1 csésze tej

50 g/2 oz/¼ csésze vaj vagy margarin, olvasztott

A keresztekhez:

25 g/1 uncia/¼ csésze sima (univerzális) liszt

15 ml/1 evőkanál víz

Egy kicsit felvert tojás

A mázhoz:

50 g/2 uncia/¼ csésze porcukor (szuperfinom).

150 ml/¼ pt/2/3 csésze víz

A zsemlék elkészítéséhez keverjük össze a száraz hozzávalókat, a ribizlit és a vegyes héjat. Hozzákeverjük a tojást, a tejet és az olvasztott vajat, és kemény tésztává keverjük, ami elválik a tál szélétől. Enyhén lisztezett felületre borítjuk, és 5 perc alatt simára és rugalmasra gyúrjuk. 12 részre osztjuk és golyókat formázunk. Kivajazott tepsire helyezzük egymástól jól távol, olajozott fóliával (műanyag fóliával) letakarjuk, és körülbelül 45 percig meleg helyen kelesztjük, amíg a duplájára nő.

A kereszthez való lisztet egy kis tálkába tesszük, és fokozatosan hozzákeverjük annyi vizet, hogy tésztát kapjunk. Nyújtsuk ki hosszú szálra. A zsemlék tetejét megkenjük felvert tojással, majd a hosszú szálból vágott tésztakeresztet mindegyikbe óvatosan nyomkodjuk. 220°C-ra előmelegített sütőben 20 perc alatt aranybarnára sütjük.

A máz elkészítéséhez a vízben feloldjuk a cukrot, majd sziruposra főzzük. Kenjük meg a forró zsemléket, majd tegyük rácsra hűlni.

Lincolnshire szilvás kenyér

Három 450 g/1 font súlyú cipót készít

15 g/½ uncia friss élesztő vagy 20 ml/4 teáskanál szárított élesztő

45 ml/3 evőkanál puha barna cukor

200 ml/7 fl oz/kevés 1 csésze meleg tej

100 g/4 oz/½ csésze vaj vagy margarin

450 g/1 font/4 csésze sima (univerzális) liszt

10 ml/2 tk sütőpor

Egy csipet só

1 tojás, felvert

450 g/1 font/22/3 csésze szárított vegyes gyümölcs (gyümölcstorta keverék)

Az élesztőt 5 ml/1 teáskanál cukorral és kevés meleg tejjel felfuttatjuk, és meleg helyen 20 percig kelesztjük, amíg habos nem lesz. Dörzsölje el a vajat vagy a margarint a liszttel, a sütőporral és a sóval, amíg a keverék zsemlemorzsára nem hasonlít. Hozzákeverjük a maradék cukrot, és mélyedést készítünk a közepébe. Keverjük hozzá az élesztős keveréket, a maradék meleg tejet és a tojást, majd dolgozzuk bele a gyümölcsöt, hogy elég kemény tésztát kapjunk. Formázz három kivajazott, 450 g/1 lb súlyú cipóformát (serpenyőt), és süsd előmelegített sütőben 150°C/300°F/gázjelzés 2-re 2 órán keresztül, amíg aranybarna nem lesz.

Londoni zsemle

10-et tesz ki

50 g/2 uncia friss élesztő vagy 30 ml/2 evőkanál szárított élesztő

75 g/3 uncia/1/3 csésze puha barna cukor

300 ml/½ pt/1¼ csésze meleg víz

175 g/6 uncia/1 csésze ribizli

25 g/1 uncia/3 evőkanál apróra vágott kimagozott (magozott) datolya

25 g/1 uncia/3 evőkanál apróra vágott vegyes (kandírozott) héj

25 g/1 uncia/2 evőkanál apróra vágott glacé (kandírozott) cseresznye

45 ml/3 evőkanál narancslé

450 g/1 font/4 csésze teljes kiőrlésű (teljes kiőrlésű) liszt

2,5 ml/½ teáskanál só

25 g/1 uncia/¼ csésze tejpor (zsírmentes száraz tej)

15 ml/1 evőkanál őrölt kevert (almás pite) fűszer

5 ml/1 teáskanál őrölt fahéj

75 g/3 uncia/1/3 csésze vaj vagy margarin

15 ml/1 evőkanál reszelt narancshéj

1 tojás

15 ml/1 evőkanál tiszta méz

30 ml/2 evőkanál pehely mandula

Az élesztőt egy kevés cukorral és kevés meleg vízzel elkeverjük, és meleg helyen 20 percig kelesztjük, amíg habos nem lesz. A ribizlit, a datolyát, a vegyes héját és a cseresznyét áztasd be a narancslébe. Keverjük össze a lisztet, a sót, a tejport és a fűszereket. Dörzsölje bele a vajat vagy a margarint, majd keverje bele a narancshéjat, és készítsen mélyedést a közepébe. Adjuk hozzá az élesztős keveréket, a maradék meleg vizet és a tojást, és keverjük sima tésztává. Olajozott tálba tesszük, fóliával (műanyag fóliával) letakarjuk, és meleg helyen 1 órán át kelesztjük, amíg a duplájára nő.

A tésztából 10 hengert formázunk, és kivajazott tepsibe tesszük. Fedjük le olajozott fóliával, és hagyjuk meleg helyen 45 percig. 230°C-ra előmelegített sütőben 15 percig sütjük, amíg jól megkel. Megkenjük mézzel, megszórjuk a mandulával és hagyjuk kihűlni.

Írországi cipó

Egy 900 g-os cipót készít

350 g/12 uncia/3 csésze teljes kiőrlésű (teljes kiőrlésű) liszt

100 g/4 oz/1 csésze zabpehely

100 g/4 uncia/2/3 csésze szultána (arany mazsola)

15 ml/1 evőkanál sütőpor

15 ml/1 evőkanál porcukor (szuperfinom).

5 ml/1 teáskanál szódabikarbóna (szódabikarbóna)

5 ml/1 teáskanál só

10 ml/2 tk őrölt kevert (almás pite) fűszer

½ citrom reszelt héja

1 tojás, felvert

300 ml/½ pt/1¼ csésze író vagy natúr joghurt

150 ml/¼ pt/2/3 csésze víz

Keverjük össze az összes száraz hozzávalót és a citrom héját, és készítsünk mélyedést a közepébe. Keverjük össze a tojást, az írót vagy a joghurtot és a vizet. A száraz hozzávalókhoz keverjük és lágy tésztává dolgozzuk. Enyhén lisztezett felületen összegyúrjuk, majd kivajazott, 900 g-os cipóformát (serpenyőt) formázunk. Előmelegített sütőben 200°C/400°F/6-os gázjellel süsd 1 órán keresztül, amíg jól megkel és tapintásra szilárd lesz.

Maláta cipó

Egy 450 g/1 font súlyú cipót készít

25 g/1 uncia/2 evőkanál vaj vagy margarin

225 g/8 oz/2 csésze önnövekvő (magán kelő) liszt

25 g/1 uncia/2 evőkanál puha barna cukor

30 ml/2 evőkanál fekete melasz (melasz)

20 ml/4 tk malátakivonat

150 ml/¼ pt/2/3 csésze tej

75 g/3 uncia/½ csésze szultána (arany mazsola)

15 ml/1 evőkanál porcukor (szuperfinom).

30 ml/2 evőkanál víz

A vajat vagy a margarint eldörzsöljük a liszttel, majd belekeverjük a barna cukrot. Melegítsük fel a melaszot, a malátakivonatot és a tejet, majd keverjük a száraz hozzávalókhoz a szultánokkal, és keverjük tésztává. Kivajazott, 450 g-os cipóformába (tepsibe) öntjük, és előmelegített sütőben 160°C-on 1 órán át aranysárgára sütjük. A cukrot és a vizet felforraljuk, és sziruposra főzzük. Kenjük meg a cipó tetejét és hagyjuk kihűlni.

Korpás maláta cipó

Egy 450 g/1 font súlyú cipót készít

100 g/4 uncia/½ csésze puha barna cukor

225 g/8 uncia/11/3 csésze szárított vegyes gyümölcs (gyümölcstorta keverék)

75 g/3 uncia All Bran gabonapehely

250 ml/8 fl oz/1 csésze tej

5 ml/1 teáskanál őrölt kevert (almás pite) fűszer

100 g/4 oz/1 csésze önnövekvő (magán kelő) liszt

Keverje össze a cukrot, a gyümölcsöt, az összes korpát, a tejet és a fűszereket, és hagyja 1 órán át ázni. Belekeverjük a lisztet és jól elkeverjük. Kivajazott és kibélelt 450 g-os cipóformába (serpenyőbe) kanalazzuk, és előmelegített sütőben, 180°C-ra, 4-es gázjelzésre sütjük 1,5 órán keresztül, amíg meg nem szilárdul.

Teljes kiőrlésű maláta cipó

Egy 900 g-os cipót készít

25 g/1 uncia/2 evőkanál vaj vagy margarin

30 ml/2 evőkanál fekete melasz (melasz)

45 ml/3 evőkanál malátakivonat

150 ml/¼ pt/2/3 csésze tej

175 g/6 uncia/1½ csésze teljes kiőrlésű (teljes kiőrlésű) liszt

75 g/3 oz/¾ csésze zabliszt

10 ml/2 tk sütőpor

100 g/4 uncia/2/3 csésze mazsola

Olvasszuk fel a vajat vagy a margarint, a melaszot, a malátakivonatot és a tejet. Öntsük a lisztekhez, a sütőporhoz és a mazsolához, és keverjük lágy tésztává. Egy kivajazott, 900 g-os cipóformába (serpenyőbe) kanalazzuk, és egyengessük el a felületet. 200°C-ra előmelegített sütőben 45 percig sütjük, amíg a közepébe szúrt nyárs tisztán ki nem jön.

Freda diós cipója

Három 350 g-os cipót készít

25 g/1 uncia friss élesztő vagy 40 ml/2½ evőkanál szárított élesztő

10 ml/2 tk malátakivonat

375 ml/13 fl uncia/1½ csésze meleg víz

450 g/1 font/4 csésze teljes kiőrlésű (teljes kiőrlésű) liszt

5 ml/1 teáskanál szójaliszt

50 g/2 uncia/½ csésze hengerelt zab

2,5 ml/½ teáskanál só

25 g/1 uncia/2 evőkanál puha barna cukor

15 ml/1 evőkanál disznózsír (rövidítő)

100 g/4 oz/1 csésze apróra vágott vegyes dió

175 g/6 uncia/1 csésze ribizli

50 g/2 oz/1/3 csésze magozott (magozott) datolya, apróra vágva

50 g/2 uncia/1/3 csésze mazsola

2,5 ml/½ teáskanál őrölt fahéj

1 tojás, felvert

45 ml/3 evőkanál pehely mandula

Az élesztőt a malátakivonattal és egy kevés meleg vízzel elkeverjük, és meleg helyen habosra tesszük. Keverjük össze a lisztet, a zabot, a sót és a cukrot, dörzsöljük bele a zsírt, és készítsünk mélyedést a közepébe. Hozzákeverjük az élesztős keveréket és a maradék meleg vizet, és sima tésztává gyúrjuk. Keverje hozzá a diót, a ribizlit, a datolyát, a mazsolát és a fahéjat. Addig gyúrjuk, amíg rugalmas és már nem ragad. Helyezze a tésztát egy olajozott tálba, és fedje le olajozott fóliával (műanyag fóliával). Meleg helyen 1 órát kelesztjük, amíg a duplájára nem nő.

A tésztát enyhén átgyúrjuk, majd három kört formázunk és kissé elsimítjuk, majd kivajazott tepsire tesszük. A tetejét megkenjük felvert tojással és megszórjuk mandulával. 230°C-ra előmelegített sütőben 35 percig sütjük, amíg jól megkel, és az alapra ütögetve üreges hangot nem kap.

Brazil dió és datolya kenyér

Három 350 g-os cipót készít

25 g/1 uncia friss élesztő vagy 40 ml/2½ evőkanál szárított élesztő

10 ml/2 tk malátakivonat

375 ml/13 fl uncia/1½ csésze meleg víz

450 g/1 font/4 csésze teljes kiőrlésű (teljes kiőrlésű) liszt

5 ml/1 teáskanál szójaliszt

50 g/2 uncia/½ csésze hengerelt zab

2,5 ml/½ teáskanál só

25 g/1 uncia/2 evőkanál puha barna cukor

15 ml/1 evőkanál disznózsír (rövidítő)

100 g/4 uncia/1 csésze brazil dió, apróra vágva

250 g/9 uncia/1½ csésze magozott (magozott) datolya, apróra vágva

2,5 ml/½ teáskanál őrölt fahéj

1 tojás, felvert

45 ml/3 evőkanál szeletelt brazil dió

Az élesztőt a malátakivonattal és egy kevés meleg vízzel elkeverjük, és meleg helyen habosra tesszük. Keverjük össze a lisztet, a zabot, a sót és a cukrot, dörzsöljük bele a zsírt, és készítsünk mélyedést a közepébe. Hozzákeverjük az élesztős keveréket és a maradék meleg vizet, és sima tésztává gyúrjuk. Keverjük hozzá a diót, a datolyát és a fahéjat. Addig gyúrjuk, amíg rugalmas és már nem ragad. Helyezze a tésztát egy olajozott tálba, és fedje le olajozott fóliával (műanyag fóliával). Meleg helyen 1 órát kelesztjük, amíg a duplájára nem nő.

A tésztát enyhén átgyúrjuk, három kört formázunk és kissé ellapítjuk, majd kivajazott tepsire tesszük. A tetejét megkenjük felvert tojással, és megszórjuk a szeletelt brazil dióval. 230°C-ra előmelegített sütőben 35 percig sütjük, amíg jól megkel, és az alapra ütögetve üreges hangot nem kap.

Panastan gyümölcskenyér

Három 175 g-os cipót készít

25 g/1 uncia friss élesztő vagy 40 ml/2½ evőkanál szárított élesztő

150 ml/¼ pt/2/3 csésze meleg víz

60 ml/4 evőkanál tiszta méz

5 ml/1 teáskanál malátakivonat

15 ml/1 evőkanál napraforgómag

15 ml/1 evőkanál szezámmag

25 g/1 uncia/¼ csésze búzacsíra

450 g/1 font/4 csésze teljes kiőrlésű (teljes kiőrlésű) liszt

5 ml/1 teáskanál só

50 g/2 uncia/¼ csésze vaj vagy margarin

175 g/6 uncia/1 csésze szultána (arany mazsola)

25 g/1 uncia/3 evőkanál apróra vágott vegyes (kandírozott) héj

1 tojás, felvert

Az élesztőt kevés meleg vízzel és 5 ml/1 teáskanál mézzel elkeverjük, és meleg helyen 20 percig habosra kelesztjük. A maradék mézet és a malátakivonatot elkeverjük a maradék meleg vízben. A napraforgó- és szezámmagot, valamint a búzacsírát száraz serpenyőben pirítsuk meg, rázzuk aranybarnára. Egy tálba tesszük a liszttel és a sóval, majd elmorzsoljuk a vajat vagy a margarint. Keverje hozzá a szultánokat és a vegyes héjat, és készítsen mélyedést a közepébe. Adjuk hozzá az élesztős keveréket, a vizet és a tojást, és gyúrjuk sima tésztává. Olajozott tálba tesszük, olajozott fóliával (műanyag fóliával) letakarjuk, és meleg helyen 1 órán át kelesztjük, amíg a duplájára nem nő. Enyhén összegyúrjuk, majd három cipót formázunk, és kivajazott tepsibe, vagy kivajazott tepsibe (tepsibe) tesszük. Olajozott fóliával letakarjuk és 20 percig meleg helyen pihentetjük. Előmelegített sütőben 230°C-on 40 perc alatt aranybarnára sütjük, és az alapra ütögetve üreges hangzást nem kap.

Sütőtök cipó

Két 450 g/1 font súlyú cipót készít

350 g/12 uncia/1½ csésze porcukor (szuperfinom).

120 ml/4 fl uncia/½ csésze olaj

2,5 ml/½ teáskanál reszelt szerecsendió

5 ml/1 teáskanál őrölt fahéj

5 ml/1 teáskanál só

2 tojás, felvert

225 g/8 uncia/1 csésze főtt, pépesített sütőtök

60 ml/4 evőkanál víz

2,5 ml/½ teáskanál szódabikarbóna (szódabikarbóna)

1,5 ml/¼ teáskanál sütőpor

175 g/6 uncia/1½ csésze sima (univerzális) liszt

Keverjük össze a cukrot, az olajat, a szerecsendiót, a fahéjat, a sót és a tojást, és jól verjük fel. Keverjük hozzá a többi hozzávalót, és keverjük sima tésztává. Öntse két kivajazott, 450 g-os cipóformába (tepsibe), és 180°C-ra előmelegített sütőben süsse 1 órán keresztül, amíg a közepébe szúrt nyárs tisztán ki nem jön.

Mazsolás kenyér

Két 450 g/1 font súlyú cipót készít

15 ml/1 evőkanál szárított élesztő

120 ml/4 fl uncia/½ csésze meleg víz

250 ml/8 fl oz/1 csésze meleg tej

60 ml/4 evőkanál olaj

50 g/2 uncia/¼ csésze cukor

1 tojás, felvert

10 ml/2 teáskanál őrölt fahéj

5 ml/1 teáskanál só

225 g/8 uncia/11/3 csésze mazsola, egy éjszakán át hideg vízben áztatva

550 g/1¼ font/5 csésze erős sima (kenyér)liszt

Az élesztőt meleg vízben felfuttatjuk, és habosra hagyjuk. Keverjük össze a tejet, az olajat, a cukrot, a tojást, a fahéjat és a sót. A mazsolát lecsepegtetjük, és a masszához keverjük. Keverjük hozzá az élesztős keveréket. Fokozatosan beledolgozzuk a lisztet, és kemény tésztává keverjük. Kiolajozott tálba tesszük, és olajozott fóliával (műanyag fóliával) lefedjük. Kb. 1 órát meleg helyen kelesztjük, amíg duplájára nő.

Gyúrja át újra, és formázzon két kivajazott, 450 g/1 lb súlyú cipóformát (serpenyőt). Olajozott fóliával letakarjuk, és ismét meleg helyen hagyjuk, amíg a tészta a formák teteje fölé emelkedik. Előmelegített sütőben 150°C/300°F/gáz jelzés 2 1 órán át aranybarnára sütjük.

Mazsola áztatás

Két 450 g/l súlyú cipót készít

450 g/1 font/4 csésze sima (univerzális) liszt

2,5 ml/½ teáskanál só

5 ml/1 teáskanál őrölt kevert (almás pite) fűszer

225 g mazsola, apróra vágva

10 ml/2 teáskanál szódabikarbóna (szódabikarbóna)

100 g/4 oz/½ csésze vaj vagy margarin, olvasztott

225 g/8 oz/1 csésze porcukor (szuperfinom).

450 ml/¾ pt/2 csésze tej

15 ml/1 evőkanál citromlé

30 ml/2 evőkanál baracklekvár (konzerv), átszitált (szűrt)

Keverjük össze a lisztet, a sót, a kevert fűszert és a mazsolát. Keverje hozzá a szódabikarbónát az olvasztott vajhoz, majd keverje össze az összes hozzávalót, amíg jól el nem keveredik. Fedjük le és hagyjuk állni egy éjszakán át.

A keveréket kanalazza két kivajazott és kibélelt 450 g-os cipóformába (tepsibe), és 180°C-ra előmelegített sütőben süsse 1 órán keresztül, amíg a közepébe szúrt nyárs tisztán ki nem jön.

Rebarbara és datolya kenyér

Egy 900 g-os cipót készít

225 g/8 oz rebarbara, apróra vágva

50 g/2 uncia/¼ csésze vaj vagy margarin

225 g/8 uncia/2 csésze sima (univerzális) liszt

15 ml/1 evőkanál sütőpor

175 g/6 uncia/1 csésze datolya, kimagozva (kimagozva) és apróra vágva

1 tojás, felvert

60 ml/4 evőkanál tej

A rebarbarát megmossuk, és a darabokhoz tapadó vízben puhára főzzük, amíg pürét nem kapunk. Dörzsölje el a vajat vagy a margarint a liszttel és a sütőporral, amíg a keverék zsemlemorzsára nem hasonlít. Hozzákeverjük a rebarbarát, a datolyát, a tojást és a tejet, és jól összedolgozzuk. Kivajazott és kibélelt 900 g-os cipóformába (serpenyőbe) kanalazzuk, és előmelegített sütőben 190°C-on, 5-ös gázjelzéssel süssük 1 órán keresztül, amíg megszilárdul.

Rizs kenyér

Egy 900 g-os cipót készít

75 g/3 uncia/1/3 csésze arborio vagy más közepes szemű rizs

500 ml/17 fl oz/2½ csésze langyos víz

15 g/½ uncia friss élesztő vagy 20 ml/4 teáskanál szárított élesztő

30 ml/2 evőkanál meleg víz

550 g/1½ font/6 csésze erős sima (kenyér)liszt

15 ml/1 evőkanál só

Tegye a rizst és a langyos víz felét egy lábasba, forralja fel, fedje le, és nagyon óvatosan párolja körülbelül 25 percig, amíg a rizs az összes folyadékot magába szívja, és buborékok jelennek meg a felületén.

Közben az élesztőt a meleg vízzel elkeverjük. Amikor a rizs megfőtt, keverjük hozzá a lisztet, sót, élesztős keveréket és a maradék langyos vizet, és keverjük nedves tésztává. Fedjük le olajozott fóliával (műanyag fóliával), és hagyjuk meleg helyen körülbelül 1 órán át kelni, amíg a duplájára nő.

Lisztezett felületen összegyúrjuk a tésztát, majd kivajazott, 900 g-os cipóformát (serpenyőt) formázunk belőle. Fedjük le olajozott fóliával, és hagyjuk meleg helyen, amíg a tészta a forma teteje fölé emelkedik. Előmelegített sütőben 230°C/450°F/8-as gázjellel süsd 15 percig, majd csökkentsd a sütő hőmérsékletét 200°C/400°F/6-os gázjelzésre, és süsd további 15 percig. Kivesszük a formából, és visszatesszük a sütőbe további 15 percre, amíg ropogós és barna nem lesz.

Rizs és dió tea kenyér

Két 900 g-os cipót készít

100 g/4 oz/½ csésze hosszú szemű rizs

300 ml/½ pt/1¼ csésze narancslé

400 g/14 uncia/1¾ csésze porcukor (szuperfinom).

2 tojás, felvert

50 g/2 oz/¼ csésze vaj vagy margarin, olvasztott

1 narancs reszelt héja és leve

225 g/8 uncia/2 csésze sima (univerzális) liszt

175 g/6 uncia/1½ csésze teljes kiőrlésű (teljes kiőrlésű) liszt

10 ml/2 tk sütőpor

5 ml/1 teáskanál szódabikarbóna (szódabikarbóna)

5 ml/1 teáskanál só

50 g/2 oz/½ csésze dió, apróra vágva

50 g/2 uncia/1/3 csésze szultána (arany mazsola)

50 g/2 uncia/1/3 csésze porcukor (cukrászcukor), szitálva

A rizst bő, forrásban lévő, sós vízben kb. 15 perc alatt puhára főzzük, majd leszűrjük, hideg vízzel leöblítjük, majd ismét lecsepegtetjük. Keverje össze a narancslevet, a cukrot, a tojást, az olvasztott vajat vagy a margarint és 2,5 ml/½ teáskanálnyi narancshéj kivételével – a többit és a levet a cukormázhoz (fagyáshoz) tartsa. A liszteket, a sütőport, a szódabikarbónát és a sót összekeverjük, majd a cukros keverékhez adjuk. Hajtsa bele a rizst, a diót és a szultánt. A keveréket kanalazza két kivajazott, 900 g-os cipós tepsibe, és 180°C-ra előmelegített sütőben süsse 1 órán keresztül, amíg a közepébe szúrt nyárs tisztán ki nem jön. Hagyjuk hűlni a formákban 10 percig, majd borítsuk rácsra, hogy befejezzük a hűtést.

Keverjük össze a porcukrot a fenntartott narancshéjjal és annyi levével, hogy sima, sűrű masszát kapjunk. Rákenjük a cipókat és hagyjuk dermedni. Szeletelve és kivajazva tálaljuk.

Göndör cukortekercs

Körülbelül 10-et tesz ki

50 g/2 uncia friss élesztő vagy 75 ml/5 evőkanál szárított élesztő

75 g/3 uncia/1/3 csésze puha barna cukor

300 ml/½ pt/1¼ csésze meleg víz

175 g/6 uncia/1 csésze ribizli

25 g/1 uncia/3 evőkanál kimagozott (kimagozott) datolya, apróra vágva

45 ml/3 evőkanál narancslé

450 g/1 font/4 csésze teljes kiőrlésű (teljes kiőrlésű) liszt

2,5 ml/½ teáskanál só

25 g/1 uncia/¼ csésze tejpor (zsírmentes száraz tej)

15 ml/1 evőkanál őrölt kevert (almás pite) fűszer

75 g/3 uncia/1/3 csésze vaj vagy margarin

15 ml/1 evőkanál reszelt narancshéj

1 tojás

A töltelékhez:

30 ml/2 evőkanál olaj

75 g/3 uncia/1/3 csésze demerara cukor

A mázhoz:

15 ml/1 evőkanál tiszta méz

30 ml/2 evőkanál darált dió

Az élesztőt egy kevés puha barnacukorral és kevés meleg vízzel elkeverjük, és 20 percig meleg helyen kelesztjük, amíg habos nem lesz. A ribizlit és a datolyát áztasd a narancslébe. Keverjük össze a lisztet, a sót, a tejport és a kevert fűszereket. Dörzsölje bele a vajat vagy a margarint, majd keverje bele a narancshéjat, és készítsen mélyedést a közepébe. Adjuk hozzá az élesztős keveréket, a maradék meleg vizet és a tojást, és keverjük sima tésztává. Olajozott tálba tesszük, olajozott fóliával (műanyag fóliával) letakarjuk, és meleg helyen 1 órán át kelesztjük, amíg a duplájára nem nő.

Enyhén lisztezett felületen nyújtsuk ki a tésztát nagy téglalappá. Kenjük meg olajjal és szórjuk meg demerara cukorral. Tekerjük fel, mint egy svájci (zselé) tekercset, és vágjuk körülbelül tíz darab 2,5 cm/1-es szeletekre. Zsírozott tepsire helyezzük egymástól kb. 1 cm/½ távolságra, olajozott fóliával letakarjuk és 40 percig meleg helyen pihentetjük. 230°C-ra előmelegített sütőben 15 percig sütjük, amíg jól megkel. Megkenjük mézzel, megszórjuk dióval és hagyjuk kihűlni.

Selkirk Bannock

Egy 450 g/1 font súlyú cipót készít

A tésztához:

225 g/8 uncia/2 csésze sima (univerzális) liszt

Egy csipet só

50 g/2 uncia/¼ csésze disznózsír (rövidítő)

150 ml/¼ pt/2/3 csésze tej

15 g/½ uncia friss élesztő vagy 20 ml/4 teáskanál szárított élesztő

50 g/2 uncia/¼ csésze porcukor (szuperfinom).

100 g/4 uncia/2/3 csésze szultána (arany mazsola)

A mázhoz:

25 g/1 uncia/2 evőkanál porcukor (szuperfinom).

30 ml/2 evőkanál víz

A tésztához keverjük össze a lisztet és a sót. A disznózsírt felolvasztjuk, hozzáadjuk a tejet és felforraljuk. Öntsük az élesztőre, és keverjük el 5 ml/1 tk cukorral. Hagyja állni körülbelül 20 percig, amíg habos nem lesz. A liszt közepébe mélyedést készítünk, és beleöntjük az élesztős keveréket. Fokozatosan beledolgozzuk a lisztet és 5 percig dagasztjuk. Fedjük le és tegyük meleg helyre 1 órára kelni. Lisztezett munkalapra borítjuk, és beledolgozzuk a szultánokat és a maradék cukrot. Formázzunk egy nagy kereket, és tegyük egy kivajazott tepsire. Fedjük le olajozott fóliával (műanyag fóliával), és hagyjuk meleg helyen, amíg duplájára nő. Előmelegített sütőben 220°C/425°F/7-es gázjelzéssel 15 percig sütjük. Csökkentse a sütő hőmérsékletét 190°C/375°F/5-ös gázjelzésre, és süsse további 25 percig. Vegye ki a sütőből.

Szultána és szentjánoskenyér

Egy 900 g-os cipót készít

150 g/5 uncia/1¼ csésze teljes kiőrlésű (teljes kiőrlésű) liszt

15 ml/1 evőkanál sütőpor

25 g/1 uncia/¼ csésze szentjánoskenyér por

50 g/2 uncia/½ csésze zabpehely

50 g/2 oz/¼ csésze vaj vagy margarin, lágyítva

175 g/6 uncia/1 csésze szultána (arany mazsola)

2 tojás, felvert

150 ml/¼ pt/2/3 csésze tej

60 ml/4 evőkanál olaj

Keverjük össze a száraz hozzávalókat. Dörzsöljük bele a vajat vagy a margarint, majd keverjük hozzá a szultánokat. A tojást, a tejet és az olajat felverjük, majd a lisztes keverékhez keverjük, hogy lágy tésztát kapjunk. Formázzunk kiolajozott 900 g-os cipóformát (serpenyőt), és süssük előmelegített sütőben 180°C-on 1 órán keresztül, amíg meg nem szilárdul.

Szultána és narancssüveg

Két 450 g/1 font súlyú cipót készít

A tésztához:

450 g/1 font/4 csésze teljes kiőrlésű (teljes kiőrlésű) liszt

20 ml/4 tk sütőpor

75 g/3 uncia/1/3 csésze puha barna cukor

5 ml/1 teáskanál só

2,5 ml/½ teáskanál őrölt buzogány

75 g/3 uncia/1/3 csésze növényi zsír (rövidítő)

3 tojás fehérje

300 ml/½ pt/1¼ csésze tej

A töltelékhez:

175 g/6 uncia/1½ csésze teljes kiőrlésű (teljes kiőrlésű) süteménymorzsa

50 g/2 uncia/½ csésze őrölt mandula

50 g/2 uncia/¼ csésze puha barna cukor

100 g/4 uncia/2/3 csésze szultána (arany mazsola)

30 ml/2 evőkanál narancslé

1 tojás, enyhén felverve

A mázhoz:

15 ml/1 evőkanál méz

A tésztához keverjük össze a száraz hozzávalókat, és kenjük bele a zsírt. Keverjük össze a tojásfehérjét és a tejet, és keverjük a masszához, amíg lágy, rugalmas tésztát nem kapunk. Keverjük össze a töltelék hozzávalóit, a tojásból csak annyit használjunk, hogy kenhető állagot kapjunk. A tésztát enyhén lisztezett felületen 20 x 30 cm/8 x 10 téglalap alakúra nyújtjuk. A tölteléket a felső rész kivételével 2,5 cm-re kenjük a hosszú széle mentén. Tekerjük fel az ellenkező széléről, mint egy svájci (zselé) tekercset, és nedvesítsük meg a sima tésztacsíkot, hogy lezárjuk. Nedvesítse meg a tekercset mindkét végét, és a tekercset kör alakúvá formálja, a végeit összezárva. Éles ollóval díszítsünk a tetején apró vágásokat. Kivajazott tepsire tesszük és megkenjük a maradék tojással. 15 percig pihentetjük.

230°C-ra előmelegített sütőben 25 perc alatt aranybarnára sütjük. Megkenjük mézzel és hagyjuk kihűlni.

Szultána és Sherry kenyér

Egy 900 g-os cipót készít

225 g/8 oz/1 csésze sótlan (édes) vaj vagy margarin, lágyítva

225 g/8 uncia/1 csésze puha barna cukor

4 tojás

45 ml/3 evőkanál édes sherry

5 ml/1 tk vanília esszencia (kivonat)

200 g/7 uncia/1¾ csésze sima (univerzális) liszt

Egy csipet só

75 g/3 uncia/½ csésze szultána (arany mazsola)

50 g/2 oz/1/3 csésze magozott (magozott) datolya, apróra vágva

50 g/2 uncia/1/3 csésze szárított füge, kockára vágva

50 g/2 oz/½ csésze apróra vágott vegyes (kandírozott) héj

A vajat vagy a margarint és a cukrot habosra keverjük. Apránként hozzáadjuk a tojást, majd a sherryt és a vanília esszenciát. A lisztet és a sót elkeverjük a gyümölccsel, majd a masszához adjuk és jól összedolgozzuk. Kikent és lisztezett 900 g-os cipóformába kanalazzuk, és előmelegített sütőben, 180°C-on, 4-es gázjelzéssel süssük 1 órán keresztül. Hagyja hűlni a formában 10 percig, majd fordítsa rácsra, hogy befejezze a hűtést.

Cottage Tea Kenyér

Két 450 g/1 font súlyú cipót készít

A tésztához:

25 g/1 uncia friss élesztő vagy 40 ml/2½ evőkanál szárított élesztő

15 ml/1 evőkanál puha barna cukor

300 ml/½ pt/1¼ csésze meleg víz

15 ml/1 evőkanál vaj vagy margarin

450 g/1 font/4 csésze teljes kiőrlésű (teljes kiőrlésű) liszt

15 ml/1 evőkanál tejpor (zsírmentes száraz tej)

5 ml/1 teáskanál őrölt kevert (almás pite) fűszer

2,5 ml/½ teáskanál só

1 tojás

175 g/6 uncia/1 csésze ribizli

100 g/4 uncia/2/3 csésze szultána (arany mazsola)

50 g/2 uncia/1/3 csésze mazsola

50 g/2 oz/1/3 csésze apróra vágott vegyes (kandírozott) héj

A mázhoz:

15 ml/1 evőkanál citromlé

15 ml/1 evőkanál víz

Egy csipet őrölt vegyes (almás pite) fűszer

A tésztához az élesztőt a cukorral egy kevés meleg vízzel elkeverjük, és meleg helyen 10 percig kelesztjük, amíg habos nem lesz. A vajat vagy a margarint elmorzsoljuk a liszttel, majd belekeverjük a tejport, a fűszereket és a sót, majd mélyedést készítünk a közepébe. Hozzákeverjük a tojást, az élesztős keveréket és a maradék meleg vizet, és tésztává keverjük. Simára és rugalmasra gyúrjuk. Dolgozzuk bele a ribizlit, szultánt, mazsolát és vegyes héját. Olajozott tálba tesszük, olajozott ragasztófóliával (műanyag fóliával) letakarjuk és 45 percig meleg helyen állni hagyjuk. Formázz két kivajazott, 450 g/1 font súlyú cipóformát (serpenyőt). Fedjük le olajozott fóliával, és hagyjuk meleg helyen 15 percig. 220°C-ra előmelegített sütőben 30 perc alatt aranybarnára sütjük. Kivesszük a formából. A máz hozzávalóit összekeverjük és a forró kenyerekre kenjük, majd hagyjuk kihűlni.

Tea sütemények

6-ot tesz ki

15 g/½ uncia friss élesztő vagy 20 ml/4 teáskanál szárított élesztő

300 ml/½ pt/1¼ csésze meleg tej

25 g/1 uncia/2 evőkanál porcukor (szuperfinom).

25 g/1 uncia/2 evőkanál vaj vagy margarin

450 g/1 font/4 csésze sima (univerzális) liszt

5 ml/1 teáskanál só

50 g/2 uncia/1/3 csésze szultána (arany mazsola)

Az élesztőt felfuttatjuk a meleg tejjel és egy kevés cukorral, és meleg helyen habosra tesszük. A vajat vagy a margarint eldörzsöljük a liszttel és a sóval, majd hozzákeverjük a maradék cukrot és a mazsolát. Hozzákeverjük az élesztős keveréket, és lágy tésztává keverjük. Enyhén lisztezett felületre borítjuk, és simára gyúrjuk. Olajozott tálba tesszük, olajozott fóliával (műanyag fóliával) letakarjuk, és meleg helyen duplájára kelesztjük. A tésztát újra gyúrjuk, majd hat részre osztjuk, és mindegyiket golyóvá sodorjuk. Kikent tepsire enyhén elsimítjuk, olajozott fóliával letakarjuk, és ismét meleg helyen hagyjuk, amíg a duplájára nem nő. Előmelegített sütőben 200°C/400°F/6-os gázjelzéssel 20 percig sütjük.

Diós cipó

Egy 900 g-os cipót készít

350 g/12 uncia/3 csésze sima (univerzális) liszt

15 ml/1 evőkanál sütőpor

225 g/8 uncia/1 csésze puha barna cukor

5 ml/1 teáskanál só

1 tojás, enyhén felverve

50 g/2 uncia/¼ csésze disznózsír (rövidítő), olvasztott

375 ml/13 fl uncia/1½ csésze tej

5 ml/1 tk vanília esszencia (kivonat)

175 g/6 uncia/1½ csésze dió, apróra vágva

A lisztet, a sütőport, a cukrot és a sót összekeverjük, és mélyedést készítünk a közepébe. Hozzákeverjük a tojást, a zsírt, a tejet és a vanília esszenciát, majd beleforgatjuk a diót. Kivajazott, 900 g-os cipóformába (serpenyőbe) kanalazzuk, és előmelegített sütőben, 180°C-on, 4-es gázjelzésen kb. 1¼ órán keresztül süssük, amíg jól megkel és aranybarna nem lesz.

Diós és cukorréteges cipó

Egy 900 g-os cipót készít

A tésztához:

350 g/12 uncia/3 csésze sima (univerzális) liszt

15 ml/1 evőkanál sütőpor

225 g/8 uncia/1 csésze puha barna cukor

5 ml/1 teáskanál só

1 tojás, enyhén felverve

50 g/2 uncia/¼ csésze disznózsír (rövidítő), olvasztott

375 ml/13 fl uncia/1½ csésze tej

5 ml/1 tk vanília esszencia (kivonat)

175 g/6 uncia/1½ csésze dió, apróra vágva

A töltelékhez:

15 ml/1 evőkanál sima (univerzális) liszt

50 g/2 uncia/¼ csésze puha barna cukor

5 ml/1 teáskanál őrölt fahéj

15 ml/1 evőkanál vaj, olvasztott

A tésztához keverjük össze a lisztet, a sütőport, a cukrot és a sót, és készítsünk mélyedést a közepébe. Hozzákeverjük a tojást, a zsírt, a tejet és a vanília esszenciát, majd beleforgatjuk a diót. A keverék felét kanalazd egy kivajazott, 900 g/2 lb súlyú cipóformába (serpenyőbe). A töltelék hozzávalóit összekeverjük és a tésztára kanalazzuk. Rákanalazzuk a maradék tésztát, és előmelegített sütőben 180°C/350°F/gázjel 4 kb. 1¼ órán keresztül süsd, amíg jól megkel és aranybarna nem lesz.

Diós és narancsos cipó

Egy 900 g-os cipót készít

350 g/12 uncia/3 csésze sima (univerzális) liszt

15 ml/1 evőkanál sütőpor

225 g/8 uncia/1 csésze puha barna cukor

5 ml/1 teáskanál só

1 tojás, enyhén felverve

5 ml/1 teáskanál reszelt narancshéj

50 g/2 uncia/¼ csésze disznózsír (rövidítő), olvasztott

375 ml/13 fl uncia/1½ csésze tej

5 ml/1 tk vanília esszencia (kivonat)

175 g/6 uncia/1½ csésze dió, apróra vágva

50 g/2 oz/1/3 csésze apróra vágott vegyes (kandírozott) héj

A lisztet, a sütőport, a cukrot és a sót összekeverjük, és mélyedést készítünk a közepébe. Hozzákeverjük a tojást, a narancshéjat, a disznózsírt, a tejet és a vanília esszenciát, majd beleforgatjuk a diót és a vegyes héjat. Kivajazott, 900 g-os cipóformába (serpenyőbe) kanalazzuk, és előmelegített sütőben, 180°C-on, 4-es gázjelzésen kb. 1¼ órán keresztül süssük, amíg jól megkel és aranybarna nem lesz.

Spárga cipó

Egy 900 g-os cipót készít

50 g/2 uncia/¼ csésze vaj vagy margarin

2 medvehagyma, finomra reszelve

100 g/4 oz teljes kiőrlésű kenyér, kockára vágva

10 ml/2 tk apróra vágott friss petrezselyem

1,5 ml/¼ teáskanál só

450 g/1 font spárga

2 tojás, enyhén felverve

450 ml/¾ pt/2 csésze forró tej

A vajat vagy a margarint felolvasztjuk, és a medvehagymát, a kenyeret, a petrezselymet és a sót enyhén barnára pirítjuk. Vegyük le a tűzről és tegyük egy tálba. Vágja le a spárgáról a kemény végeit, a szárát vágja 2,5 cm/1 hosszúságúra, és adja a tálba. Keverjük össze a tojást és a tejet, majd keverjük a többi hozzávalóhoz. Kivajazott, 900 g-os cipóformába (serpenyőbe) kanalazzuk, és enyhén nyomjuk le. Előmelegített sütőben 190°C/375°F/gáz jelzés 5 30 percig süsd, amíg meg nem szilárdul.

www.ingramcontent.com/pod-product-compliance
Lightning Source LLC
Chambersburg PA
CBHW070406120526
44590CB00014B/1282